CARLO MARIA
MARTINI

CREDO LA VITA ETERNA

a cura di Giuliano Vigini

SAN PAOLO

Via Antonio da Recanate, 1 - 20124 Milano
www.centroambrosiano.it

Via Giotto, 36 - 20145 Milano
www.famigliacristiana.it

Piazza Soncino, 5 - 20092 Cinisello Balsamo (Milano)
www.edizionisanpaolo.it

Distribuzione: Diffusione San Paolo s.r.l.
Corso Regina Margherita, 2 - 10153 Torino

Progetto grafico: Ink Graphics Communication, Milano

Supplemento a Famiglia Cristiana di questa settimana
Direttore responsabile: Antonio Sciortino
Settimanale registrato presso il Tribunale di Alba il 7/9/1949 n. 5
P.I. SPA - S.A.P. - D.L. 353/2003 L. 27/02/04 N. 46 - a.1 c.1 CB/CN

Supplemento a Jesus di questo mese.
Direttore responsabile: Antonio Tarzia
Mensile registrato presso il Tribunale di Alba il 30/11/1978 n. 380

ISBN 978 88 215 76 775

PRESENTAZIONE

Con questa riflessione – ispirata all'ultimo articolo del *Simbolo degli Apostoli* («Credo la vita eterna») – siamo introdotti nel cuore della fede e della speranza cristiana. A farci meditare sui temi che si intrecciano e compenetrano nel momento in cui si affronta il discorso sul termine dell'esistenza terrena, sul giudizio e sul destino che attende ogni creatura in rapporto all'accoglienza o al rifiuto di Cristo, «giudice dei vivi e dei morti» (At 10,42), è stato chiamato ancora una volta il card. Carlo Maria Martini.

La sua recente scomparsa (1927-2012), mentre accentua la vivezza del ricordo e la gratitudine per l'opera da lui compiuta, conferisce a queste pagine il carattere di un testamento spirituale, destinato a lasciare risonanze profonde.

Linee di un magistero spirituale

Più volte si è attinto al suo magistero spirituale per cogliere la ricchezza del messaggio evangelico e tradurlo in esperienza di vita. Si ricorre a lui perché egli sa come pochi altri congiungere alla profondità dei contenuti e alla capacità di attualizzarli un modo di comunicare che attira e coinvolge, sia per la forza argomentativa del pensiero, sia per l'intensità dell'esperienza spirituale che trasmette. Egli parla a credenti e non credenti con l'autorevolezza del maestro di fede che insegna le verità del Vangelo, ma anche con l'immediatezza e la semplicità del compagno di viaggio che, lungo la strada che si fa insieme, condivide la fatica del viverle.

Questi tratti caratteristici spiegano perché tante persone abbiano trovato in lui una guida, un riferimento o almeno una figura di particolare richiamo; perché il suo magistero abbia avuto una risonanza che è andata al di là dei confini della diocesi ambrosiana di cui è stato pastore per ventidue anni (1980-2002) e si sia estesa a tutti gli ambienti, in Italia e all'estero:

come conferma la vasta penetrazione della sua opera, diffusa in centinaia di edizioni e in parecchi milioni di copie.

A connotare in modo inconfondibile il magistero spirituale di Martini è la stretta interazione tra sostrato biblico e impronta ignaziana. La sua predicazione si caratterizza innanzitutto per avere, non solo come argomento centrale, ma come fondamento e tessuto connettivo di tutto, la Parola di Dio. Lo sforzo precipuo di Martini è stato infatti di aiutare a leggerla e a capirla, meditarla e pregarla e, in vista di questo obiettivo, anche di aiutare a entrare più assiduamente nel clima che dispone al silenzio, all'interiorità, alla preghiera. La «Scuola della Parola» (1981) – per richiamare una delle sue iniziative che hanno avuto un'incidenza più durevole – è diventata così anche la «Scuola della vita»: ossia la Scrittura posta all'inizio dell'essere e dell'agire, sorgente generatrice di ogni cammino spirituale ed educativo, sul piano personale e comunitario. Essa ha modellato tutta la pedagogia della fede e della vita cristiana che ha segnato l'episcopato di Martini, anche nel senso di una continua ricerca e interrogazione religiosa, che non si accontenta di ciò che già possiede, ma vuol trovare quel «cuore nuovo» che introduce nelle profondità del mistero di Dio. Questo spirito di ricerca equivale a un incessante sforzo di conversione, che è poi l'orizzonte permanente entro il quale Martini legge e applica la Bibbia, perché ciascuno impari – sono parole sue – «a lasciare le secche di una religiosità farisaica, dominata da un agire religioso ancora nostro e un po' ambizioso, per entrare pienamente nel modo di agire e di essere di Cristo». Consapevole, in questo, dei limiti umani e cristiani di ciascuno, ma altrettanto certo che, se ci si abbandona con fiducia a Dio, si è guidati, accompagnati, consolati dal suo Spirito.

Nel grande solco biblico si innesta il fecondo itinerario della spiritualità ignaziana. Martini allena se stesso e allena poi le persone a cui si rivolge a un esercizio di metabolizzazione lenta e coinvolgimento totale nell'assimilare ciò che conta per mettere ordine nella propria vita e renderla conforme alla volontà di Dio. Ci sono quindi stati mentali, disposizioni d'animo, atteggiamenti, ritmi interiori che Martini evoca, parlando e scrivendo, per far capire come il dinamismo della ricerca spirituale che porta frutto debba passare necessariamente da diversi stadi, che sono da attraversare con pazienza. Egli quindi traccia un percorso, fatto non di teorie o astrazioni, né di soluzioni precostituite, ma di discernimenti e approfondimenti progressivi, attraverso i quali si scende dentro se stessi, ci si purifica, si scoprono le realtà che aiutano davvero, non solo ad essere più vicini a Dio, ma a diventare anche uomini liberi, responsabili e maturi.

È in questo modo che Martini arriva alla conversione, alla preghiera del cuore, alla contemplazione come basi costitutive per essere guidati al modo più efficace di riformare la propria vita e di spenderla per la causa del Vangelo. Leggendo Martini, pare di sentire l'eco di quella bellissima preghiera di sant'Ignazio: «Prendi, Signore, e ricevi tutta la mia libertà, la mia memoria, la mia intelligenza e tutta la mia volontà, tutto ciò che ho e possiedo; tu me lo hai dato, a te, Signore, lo ridono; tutto è tuo, di tutto disponi secondo ogni tua volontà; dammi il tuo amore e la tua grazia; questo mi basta» (*Esercizi spirituali*, 234, 4-5).

In questa preghiera c'è anche la risposta che il cristiano è invitato a dare al Dio che lo chiama, nella misura in cui non si accontenta di una vita abitudinaria e mediocre, ma cerca quel «di più» che spinge a un impegno esigente di amore e di servizio. Il metodo ignaziano di Martini vuole appunto condurre al cuore di questa spiritualità forte, rigorosa, dinamica, che illumina il cammino di tutti, perché – quale che sia l'esperienza di ciascuno – orienta verso i punti di riferimento essenziali che portano all'amore per Cristo e all'amore per l'uomo.

Verso le realtà ultime

Anche il messaggio che Martini ci consegna in questo libro si colloca all'interno di questa visione. La riflessione qui prende le mosse dalla paura della morte, che è un istinto ineliminabile, ma non deve trasformarsi in angoscia: vera e propria forma di schiavitù che paralizza la mente e il cuore. Vincere la paura della morte è il primo passo, ma ci si illude se si pensa di poterlo fare affidandosi alle proprie forze, in realtà assai fragili. Si può sconfiggere la paura soltanto mettendosi nelle braccia del Padre, imitando Gesù e Maria. È nella fede, alimentata da una perseverante preghiera, che nasce quell'abbandono a Dio che infonde il coraggio necessario per superare la paura, attendendo con fiducia il giorno dell'incontro col Signore.

Vivere è imparare ad aprirsi al mistero, al quale la morte fa come da sentinella. Il mistero ha il volto amorevole del Padre; eppure spesso non si sa riconoscerlo. Non lo riconosce chi si è allontanato dalla sua casa, emancipandosi da lui, ma a volte anche chi è rimasto di fatto non lo conosce, non avendo mai stabilito una comunione profonda con lui. La parabola del figlio minore che se ne va e di quello maggiore che rimane accanto al Padre, senza però comprendere lo slancio del suo amore misericordioso, può essere assunta come metafora anche della nostra vita, segnata da tante fughe, inquietudini e smarrimenti, sempre tentata di rifugiarsi in se stessa. Ma c'è una speranza per chi si è allontanato: che arrivi per lui il momento della nostalgia del Padre e inizi il cammino del ritorno alla casa dove è sempre atteso, pensato e amato. Così come c'è una speranza per chi è rimasto: che gli si aprano gli occhi del cuore per capire e vedere che la giustizia di Dio e il dono della sua salvezza sono lì, accanto a lui.

Se si guarda alla morte pensando che si sta camminando verso la casa del Padre, pronto a perdonare e ad accogliere, allora non si ha più paura. Ma anche questo è un lungo cammino, perché l'uomo fa fatica ad accettare che Dio si occupi veramente di lui, gli sia vicino, gli vada incontro. Perfino gli apostoli sono spesso dubbiosi e tentati di abbandonare Gesù, tanto che a un certo punto è costretto a rivolgere loro quelle drammatiche parole: «Volete andarvene anche voi?» (Gv 6,67). Qui, come Pietro, si dovrebbe avere un sussulto della fede e confessare: non ci sono altri da cui andare; soltanto tu, Gesù, hai «parole di vita eterna». Credere è questo aggrapparsi totale a Gesù; farsi portare da lui verso la meta, senza pretendere, cammin facendo, di capire tutto: basta capire che con lui si sa dove si va e si è sicuri che si arriva.

Qui si palesa allora il significato profondo della morte. Se nascere vuol dire essere chiamati a un destino eterno, morire è andare incontro al compimento di tale destino. Nella vigilante attesa di questo compimento, si può essere messi a dura prova dalle sofferenze fisiche e morali, dalla morte, dalla fede stessa. A volte, si può attraversare perfino la terribile «notte oscura»: la notte dei sensi e dello spirito, quell'esperienza di vuoto, aridità, impotenza, disperazione – come la descrivono i santi e i mistici – in cui si arriva a credere di essere usciti dall'orizzonte dell'amore di Dio. Corpo e anima sono entrati in un tunnel da cui non si può fuggire e dove sembra risuonare invano il loro lancinante grido di dolore e di aiuto. Ma alla fine uno spiraglio di luce penetra anche nella camera più buia e solitaria del cuore: e questo spiraglio spalanca le porte del mondo, facendo sentire che non tutto è perduto, che si può ricominciare a sperare.

Gesù, che ha patito l'agonia del Getsèmani, viene in soccorso, e la forza della sua consolazione è tale che la vita rinasce. Rinasce con lui, morto e risorto. La morte è l'evento decisivo attraverso il quale l'Amore che salva si rivela nell'ora della croce come «grembo» del dolore del mondo. La risurrezione segna la vittoria di Cristo sulla morte, che genera l'esultanza per lo splendore della sua gloria ma, al tempo stesso, chiama all'incontro vivo e alla testimonianza coraggiosa di lui, il Risorto.

La Pasqua di Cristo è una ri-creazione, una nuova creazione di umanità. In questo evento storico unico, di significato cosmico, c'è per tutti una speranza che non si spegne: il desiderio incancellabile che la morte non sia l'ultima parola della vita. Non si viene per questo liberati dalla morte, né sottratti al peso quotidiano della sofferenza, ma, con la forza del Signore risorto, si viene accompagnati a vivere un'esistenza serena, piena di fiducia e abbandono, in cammino verso la vita nuova, vera e definitiva, che ci attende. Niente è più consolante del sapere che il nostro corpo risorgerà: la risurrezione di Cristo è l'inizio della risurrezione universale dei morti. Lui è il primogenito che vive nei cieli e nella terra nuova, dove tutto ha lo stupore di un luminoso mattino che non conosce tramonto.

Ma l'eternità è già anche qui, nell'esperienza dell'evento pasquale di chi, giorno dopo giorno, crede e spera, soffre e ama con Gesù. In questo dinamismo di fede la vita è un anticipo di risurrezione; un'illuminazione progressiva data a chi ascolta la Parola di Dio e la vive; un processo di trasfigurazione che rende sempre più conformi all'immagine di Gesù. Questa anticipazione delle cose future, promesse e donate dal Signore, è la speranza che conferisce già al tempo di quaggiù il suo sapore d'eternità. Perché il tempo vissuto nella speranza – la sorella più piccola, come cantava Péguy, che tiene per mano e guida le sorelle maggiori, la fede e la carità – è un tempo di grazia che noi oggi, abitatori del tempo, viviamo nell'attesa di essere chiamati a diventare abitatori dell'eternità. Così, quando giunge il momento della morte fisica, si è pronti per il passaggio alla piena comunione della vita, e non a caso la morte viene presentata dalla grande tradizione cristiana come *dies natalis*, il giorno della nascita in Dio.

Prepararsi a quel giorno significa costruire nella preghiera la propria personale «via lucis» alle cose di lassù. Martini ce ne offre una traccia nella sua proposta finale di «testi da pregare», e lo fa con una tale intensità spirituale, profondità d'accenti, purezza lirica che già la sua preghiera racchiude quanto di meglio può salire dal cuore quando si guarda dentro se stessi e ci si affida al «Padre misericordioso e Dio di ogni consolazione» (2Cor 1,3) che sta alla porta ad attendere, per accompagnarci nella vita senza tempo.

Giuliano Vigini

1.

VINCERE LA PAURA DELLA MORTE

«Illumina, Signore, la nostra mente, riscalda il nostro cuore, così come hai riscaldato il cuore dei discepoli di Emmaus, perché possiamo comprendere la gloria che tu ci prometti, la vita che tu già ci doni e il mistero nascosto che ci fai conoscere nella fede. Maria, madre nostra, donaci di capire ciò che vivi stando con il Signore, affinché riusciamo a esprimerlo nella vita, nella malattia, nella morte, nella risurrezione e nella gloria. Ottienici, per questo, o Padre, la grazia dello Spirito Santo che ti chiediamo per Cristo nostro Signore. Amen».

Abbiamo meditato che cosa voglia dire in concreto essere con Gesù nella morte ed essere con lui nella vita nuova.

Ora ci chiediamo che cosa significa essere con Cristo e con Maria nella loro ascensione e assunzione.

Traducendo esistenzialmente possiamo dire: essere con Gesù e Maria superando il timore della morte.

Oggi si parla poco della morte e del paradiso, ma credo sia molto importante dare spazio nei nostri pensieri alle realtà ultime che ci spalancano alla vera comprensione del senso della vita terrena e del disegno di Dio nella storia, spingendoci ad agire nel quotidiano coraggiosamente e con entusiasmo.

Premetto quindi, per la nostra riflessione, tre brevi affermazioni per poi offrirvi tre spunti di meditazione.

Premesse

1. La paura della morte è un fatto esistenziale, brutto, in qualche modo ineliminabile; ed è garanzia del

vivere, perché mobilita gli istinti di conservazione, di resistenza, di aggressività vitale.

Non si può combattere la paura della morte con il ragionamento, perché scatta da sé, è invincibile.

2. La paura della morte è il simbolo di ogni altra paura di fronte alla deprivazione fisica, psichica, sociale. La morte, infatti, è l'ultimo atto di tanti drammi di cui l'uomo è protagonista: malattia, vecchiaia, soprattutto se accompagnata da acciacchi e solitudine, stanchezza, esaurimenti nervosi, perdita del gusto del lavoro, degli incontri, della natura; e poi le deprivazioni sociali, come insuccessi, perdita della fama, del prestigio, del ruolo che ci eravamo acquistati. Sono tutte forme di anticipazione della morte e per questo le viviamo con paura, con orrore, vorremmo che non fossero.

3. Queste paure, pur essendo moralmente neutre (dal momento che la paura è un istinto), tuttavia sono, di fatto, causa e segno di schiavitù interiore, perché ci bloccano. Per esempio, la paura di perdere la fama, la stima ci porta ad agire diversamente da come

dovremmo e vorremmo; la paura di perdere il quieto vivere, la comodità, costringe tante persone a una vita neghittosa, negligente, peccaminosa. E la paura della morte può spingere a esperienze che sono una rivalsa su di essa; penso all'eccesso nella sessualità, all'alcolismo, alla droga.

Per questo, l'autore della Lettera agli Ebrei afferma che Gesù è divenuto partecipe della nostra carne e del nostro sangue «per ridurre all'impotenza, mediante la morte, colui che della morte ha il potere, cioè il diavolo, e liberare così quelli che, per timore della morte, erano soggetti a schiavitù per tutta la vita» (Eb 2,14-15). Il diavolo tiene in schiavitù molta gente per tutta la vita giocando sul timore della morte e di ogni deprivazione fisica, psichica e sociale.

È dunque necessario che l'uomo (e non soltanto il cristiano) giunga non a eliminare la paura della morte, bensì a superarla, a superare il timore di tutto ciò che può portare l'immagine della morte. Senza tale superamento – che è il nodo centrale dell'esistenza, il gioco della verità – non siamo davvero con Gesù.

Si può barare su tanti aspetti e, per esempio, fingere

di fare del bene, di essere caritatevoli, di interessarsi degli altri. Ma non si può fingere il coraggio di fronte alla morte. Così molte volte possiamo presumere di essere mortificati, di essere capaci di tante rinunce; se tuttavia veniamo colpiti da una malattia grave, scatta in noi qualcosa che non riusciamo a dominare, rivelandoci che non abbiamo in realtà affrontato e superato la paura di morire.

Sappiamo che Francesco d'Assisi desiderava ardentemente la fine dei suoi giorni. Quando era ormai molto ammalato, fratel Elia gli fece presente che forse i più deboli si sarebbero scandalizzati nel vederlo pieno di gioia: «Potrebbero osservare: "Come può essere tanto felice, dal momento che sta morendo? Dovrebbe piuttosto pensare alla morte"». La risposta di Francesco è un insegnamento anche per noi: «Ricordi, frate Elia, la visione che avesti a Foligno? Prima di questa visione..., io pensavo di frequente alla mia fine, ma da quel momento mi sono ancor più preoccupato di riflettervi ogni giorno»[1].

[1] Cfr. *Dizionario francescano*, Padova, EMP, 1983, col. 1062.

Cerchiamo dunque di riflettervi anzitutto considerando, attraverso la contemplazione di una scena biblica, come Gesù supera il timore della morte; quindi vedremo gli effetti della vittoria di Gesù; infine, cercheremo di individuare un cammino per noi.

Gesù supera il timore della morte

Conosciamo a memoria il quadro biblico che ci presenta Gesù nell'orto del Getsèmani.

1. Egli è alle prese con questo nodo dell'esistenza umana che è l'angoscia della morte. Può sembrare strano, perché è il Figlio di Dio, ma Gesù ha avuto paura, nel desiderio di partecipare realmente alla nostra condizione umana, soprattutto alla condizione dei peccatori, per i quali la fine della vita si riveste di rimorsi, di solitudine estrema, di ansietà.

• *Marco 14,33-34*: «Cominciò a sentire paura e angoscia e disse loro: "La mia anima è triste fino alla morte"»; quindi una paura che addirittura uccide.

Potremmo credere che quella di Gesù è semplicemente paura della morte in genere. In realtà, Marco precisa che è angosciato per quella morte: «Pregava che, se fosse possibile, passasse via da lui quell'ora e diceva: "Abbà! Padre! Tutto è possibile a te: allontana da me questo calice!"» (vv. 35-36). Il calice non è la semplice morte biologica, bensì il punto di condensazione di un'economia di peccato, di crudeltà, di tradimento, di disperazione, di separazione da Dio. È la morte che l'uomo vive come simbolo della seconda morte. Gesù la vive e la affronta così.

• Anche l'evangelista Giovanni, che non riporta la scena dell'orto del Getsèmani, ci descrive ugualmente Gesù alle prese con questa paura: «In verità, in verità vi dico: se il chicco di grano, caduto in terra, non muore, rimane solo; se invece muore, produce molto frutto. Chi ama la propria vita la perde e chi odia la propria vita in questo mondo, la conserverà per la vita eterna. Se uno mi vuole servire, mi segua, e dove sono io, là sarà anche il mio servitore. Se uno serve me, il Padre lo onorerà. Adesso l'anima mia è turbata; che cosa dirò? Padre, salvami da quest'ora?

Ma proprio per questo sono giunto a quest'ora!» (Gv 12,24-27). Dopo aver parlato della verità della morte, egli riconosce di essere turbato perché sta per entrare in questo mistero.

• Lo stesso autore della Lettera agli Ebrei parla di Gesù che «offrì preghiere e suppliche, con forti grida e lacrime a Dio che poteva salvarlo da morte» (Eb 5,7).

• Luca, a sua volta, riferisce l'episodio del Getsèmani in questi termini: «Entrato nella lotta, pregava più intensamente, e il suo sudore diventò come gocce di sangue che cadono a terra» (Lc 22,44). È una partecipazione psichica e biologica tale da scuotere tutto l'organismo.

2. Gesù è stato consolato nella paura della morte grazie alla sua perseveranza nella preghiera.

• *Luca 22,43*: «Gli apparve allora un angelo dal cielo per confortarlo».

Il fatto che Gesù abbia bisogno di essere confortato e di lasciarsi confortare, cioè rafforzare, sottolinea che siamo veramente di fronte a uno scoglio fondamentale dell'esperienza umana, pur se gli uomini fanno di tutto per rimuoverlo. Quando ci accorgiamo che la morte è prossima e la paura ci assale, sentiamo l'esigenza di essere confortati, così come l'ha sentita Gesù.

• *Giovanni 12,28*. Dopo che Gesù ha invocato il Padre, «venne una voce dal cielo: "L'ho glorificato e lo glorificherò ancora!"». Il Padre dunque lo conforta.

• *Ebrei 5,7*: «Offrì preghiere e suppliche, con forti grida e lacrime, a Dio che poteva salvarlo da morte e, per il suo pieno abbandono a lui, venne esaudito». Gesù non fu esaudito con la liberazione dalla morte, ma con il conforto che gli ha permesso di superare la paura.

3. Gesù esce perfezionato da questa prova. Siamo imbarazzati nell'usare una simile espressione perché Gesù è il Messia, il Salvatore. Però, di fatto, mentre prima lo era in potenza, lo diventa pienamente, autenticamente, esprimendo tutta la virtualità che già aveva, attraverso la terribile prova che ha vissuto.

• *Ebrei 5,8-9*: «Pur essendo Figlio, imparò l'obbedienza da ciò che patì e, reso perfetto», quindi giunto alla perfezione, «divenne causa di salvezza eterna per tutti coloro che gli obbediscono».

Dunque anche noi saremo veramente noi stessi, veramente perfetti, obbedienti, veramente figli, allorché saremo passati per questa prova imparando la fiducia e l'abbandono al Padre. Quando tutto ci va bene, possiamo sempre illuderci; solo nel momento in cui ogni uscita di sicurezza è sbarrata, nell'ora della morte, siamo messi a confronto con il mistero dell'abbandono a Dio, del saperci affidare al Padre come figli.

Vi suggerisco di rimeditare personalmente la scena biblica del Getsèmani, perché è ricchissima di insegnamenti: Gesù supera il timore della morte a caro prezzo; lo supera affrontandolo, pregando e lasciandosi confortare da Dio; lo supera uscendone perfezionato.

Gli effetti della vittoria di Gesù

La vittoria di Gesù sulla paura della morte è la sorgente da cui sgorga l'esperienza dei santi.

• Leggiamo anzitutto qualche testo di Paolo.

L'Apostolo è in carcere, ha sofferto persecuzioni,

c'è gente che lo osteggia predicando Gesù con spirito di rivalità, con intenzioni non pure e quindi egli vive una sorta di anticipazione della morte.

Tuttavia, in Paolo c'è una certezza, che tutto ha un senso: «Questo servirà alla mia salvezza, grazie alla vostra preghiera e all'aiuto dello Spirito di Gesù Cristo, secondo la mia ardente attesa e la speranza che in nulla rimarrò deluso; anzi, nella piena fiducia che, come sempre, anche ora Cristo sarà glorificato nel mio corpo, sia che io viva sia che io muoia» (Fil 1,19-20).

Egli ha superato la paura della morte dando senso alla prigione, all'umiliazione e crescendo nella speranza. Per questo può dire: «Per me il vivere è Cristo e il morire un guadagno» (v. 21). In lui nasce addirittura il desiderio ardente di «lasciare questa vita per essere con Cristo» (v. 23): desiderio che evidentemente si coniuga con la disponibilità a ciò che Dio vorrà.

Ancora in Fil 2,17-18 appare la sua vittoria sul timore della morte. «Anche se io devo (prevedendo il martirio) essere versato sul sacrificio e sull'offerta della vostra fede, sono contento e ne godo con tutti voi. Allo stesso modo anche voi godetene e rallegratevi con me». Queste parole dell'Apostolo sono un segno chiarissimo della risurrezione battesimale, che ha preso possesso del suo spirito.

E in 2Cor 12,10 si compiace «nelle debolezze, negli oltraggi, nelle difficoltà, nelle persecuzioni, nelle angosce sofferte per Cristo: infatti, quando sono debole, è allora che sono forte».

Istintivamente l'uomo rimuove proprio l'angoscia (basta pensare a tutti i farmaci che oggi si consumano per evitarla, per non affrontarla). Ma Paolo ha talmente integrato in sé la vittoria di Gesù che si compiace nelle sue debolezze – siano esse fisiche (infermità), sociali (oltraggi), religiose (persecuzioni), psichiche (angosce) –, vedendole quale segno della forza di Dio.

• Questa immagine di vittoria straordinaria sulla morte la contempliamo in altri santi. Ignazio di Antiòchia scrive: «È meglio per me morire per Gesù Cristo che estendere il mio impero fino ai confini della terra [...]. È vicino il momento della mia nascita. Lasciate che io raggiunga la pura luce: giunto là, sarò veramente uomo. Lasciate che io imiti la passione del mio Dio. Vi scrivo che desidero morire. Ogni mio desiderio terreno è crocifisso e non c'è più in me fiamma alcuna per la materia, ma un'acqua viva mormora dentro di me e mi dice: Vieni al Padre»[2].

Francesco d'Assisi chiama la vittoria sulla morte «la letizia perfetta». Letizia perfetta è per Francesco comunicare, mediante la sofferenza, alle sofferenze di Cristo, perché diventa partecipe della sua «gloria» che è la croce, in cui è la suprema rivelazione dell'amore di Dio; ed è pura felicità, nella fede, davanti alla gloria di Gesù. E alla perfetta letizia egli giunge attraverso una prolungata sofferenza: nel tormento del dubbio sulla sua scelta, all'inizio, ma soprattutto, per più tempo, quando vede il largo scarto tra la sua «utopia» e la realtà concreta di quanti lo seguivano. La distanza tra l'utopia e la realtà può annientare, perché fa cogliere come la mediocrità, la negligenza, tutto ciò che si colloca nel campo d'influenza della morte toglie all'uomo la possibilità di raggiungere il suo vero fine.

[2] *Lettera ai Romani*, 6,1-9,3.

Francesco è persino tentato di riconsegnare l'Ordine a Dio, come se fosse stato una «cosa sua» e finita male, e Dio lo soccorre interrogandolo e ammonendolo: «Perché ti turbi, piccolo uomo?». Tutte queste angosce ha superato Francesco e la perfetta letizia l'ha portato a desiderare la morte: «Siccome il servo di Dio desiderava entrare nel tempio della gloria divina, il Signore lo chiamò a sé, e così Francesco gloriosamente passò da questo mondo al Padre»[3].

Il *Cantico delle creature* è una stupenda espressione della raggiunta vittoria sulla paura della morte.

Tra i tanti santi che si potrebbero ancora richiamare, mi limito a qualche cenno su Agostino e Monica. Sono a Ostia, soli, appoggiati a una finestra prospiciente il giardino della casa che li ospita: «Conversavamo, dunque, con grande dolcezza. Dimentichi delle cose passate e protesi verso quelle che stanno innanzi, cercavamo tra noi alla presenza della verità, che sei tu, quale sarebbe stata la vita eterna dei santi, che occhio non vide, orecchio non udì,

[3] Cfr. *Dizionario francescano*, cit., col. 2185-2186; 1064.

né sorse in cuore d'uomo. Anelavamo con la bocca del cuore all'onda suprema della tua fonte, fonte di vita che è presso di te, per esserne irrorati secondo il nostro potere e quindi concepire in qualche modo una realtà così alta [...]. E ascendendo in noi stessi con la considerazione delle tue opere, giungemmo alle nostre anime e anch'esse superammo per attingere la plaga dell'abbondanza inesauribile, ove pasci Israele in eterno con il pascolo della verità, ove la vita è la Sapienza, per cui si fanno tutte le cose presenti e che furono e che saranno, mentre essa non si fa, ma tale è oggi quale fu e quale sempre sarà [...]. E mentre ne parlavamo e anelavamo verso di lei, la cogliemmo un poco con lo slancio totale della mente e sospirando vi lasciammo avvinte le primizie dello spirito»[4].

In particolare, per Monica il timore della morte è superato, ed ella dice: «Figlio mio, per quanto mi riguarda, questa vita ormai non ha più nessuna attrattiva per me. Cosa faccio ancora qui e perché sono

[4] *Confessioni*, IX, 10.23-24.

qui, lo ignoro. Le mie speranze sulla terra sono ormai esaurite»[5].

• Dietro l'anelito di Paolo, di Ignazio, di Francesco, di Monica, noi dobbiamo leggere i sentimenti di Maria. Ella infatti ha pregustato, nello scorrere lento dei giorni, la gioia indicibile di rivedere il Figlio, ha desiderato con tutto l'ardore di contemplare svelatamente il volto di Dio, di essere per sempre nelle braccia del Padre, ha serenamente atteso che le venisse tolta la vita terrena come l'ultima forma del suo iniziale abbandono: «Avvenga per me secondo la tua parola» (Lc 1,38).

Il cammino verso il superamento della paura della morte

Come superare allora quel nodo cruciale della vita dell'uomo, a cui tutti gli altri nodi si riallacciano, che è la paura della morte?

[5] *Ibidem*, IX, 10.26.

1. Occorre dire anzitutto che si tratta di un cammino che dura tutta la vita e che nessuno può sapere quali saranno le reazioni emotive, psicologiche, affettive, nel momento della prova e della morte. Dobbiamo dunque tenerci sempre nell'umiltà e nel riconoscimento della nostra fragilità.

2. Il superamento della paura della morte non si compie con i nostri sforzi umani, ma prima di tutto stando con Gesù e con Maria che hanno già vinto ogni timore.

Stare con Gesù e con Maria significa pregare per non cadere in tentazione (cfr. Lc 23,46); la tentazione di perdere la fede e la speranza, che ci viene lanciata, per così dire, dalla prova e dalla morte. «Signore, non permettere che cadiamo in tentazione, nella tentazione di perdere la fede di fronte all'evento della morte. Unisci la nostra alla preghiera di Gesù nell'orto, donaci di abbandonarci a te».

Possiamo ripetere le formule che la Chiesa ci ha tramandato nei secoli: «Passione di Cristo, confortami. Non permettere che mi separi da te. Dal maligno nemico difendimi. Nell'ora della mia morte chiamami e comandami di venire a te per lodarti con i santi in eterno». Possiamo recitare l'*Ave Maria* pensando alla nostra morte: «Prega per noi adesso e nell'ora della massima prova che è quella della morte».

Così facendo, noi ci rendiamo disponibili alla realizzazione del dinamismo battesimale che si compirà in pienezza al momento della morte.

3. Il superamento della paura è reso possibile fin d'ora nella speranza, può essere gustato nella grazia, implicita o esplicita, della contemplazione della nostra dimora celeste.

Nella Lettera ai Romani Paolo parla di «morire al peccato», di «essere sepolti con Cristo», di risorgere con Gesù camminando in una vita nuova» (Rm 6,4). Nella Lettera agli Efesini aggiunge un terzo elemento, perché, dopo aver detto: «da morti che eravamo per le colpe, ci ha fatto rivivere con Cristo» e «con lui ci ha anche risuscitati», scrive: «e ci ha fatti sedere nei cieli, in Cristo Gesù» (Ef 2,5-6).

È l'applicazione del mistero dell'Ascensione a noi: già ora siamo in cielo, abbiamo superato la morte.

Ciò significa che in Paolo e nella comunità di Efeso la riflessione sulla dinamica battesimale si sviluppa fino all'ascensione di Gesù e all'assunzione di Maria. Pur essendo ancora su questa terra, siamo nella sfera dell'azione del Risorto. E l'esegeta Heinrich Schlier, nel suo commento alla Lettera agli Efesini, spiega come i cristiani, uniti in Cristo, abbiano con Cristo superato se stessi per quanto concerne il loro essere e la loro persona (dunque anche la paura della morte), perché il battesimo è come un'ascensione in cielo. La Chiesa è anzitutto in cielo: i fedeli, per il battesimo, sono in Cristo e con Cristo nel suo corpo, la Chiesa – giudei e gentili –, il quale corpo è appunto nei cieli.

Noi possiamo quindi contemplare la Chiesa nel suo aspetto ascendente, nel suo faticoso cammino verso la pienezza del Regno e possiamo fruttuosamente contemplare il suo aspetto discendente: la Chiesa è già là, nel suo Capo, è in cielo in Maria, negli apostoli, nei santi, e discende sulla terra con tutta la sua forza per conquistare la storia.

È una visione molto utile anche per superare i tanti problemi di tensioni istituzionali. Il cammino temporale della Chiesa è secondario, è relativo rispetto alla sua verità che è in cielo. E dicendo Chiesa intendiamo tutta l'umanità redenta che, in Gesù, è già presso Dio, ha già vinto le potenze della mondanità, lo strapotere del mondo chiuso in sé, l'atmosfera di peccato, di prevaricazione, di indifferenza, di secolarismo. Sulla terra la Chiesa combatte contro queste realtà negative, avendole però già vinte in Cristo nel quale vive.

Non dobbiamo spaventarci del male, dell'incredulità che appare in crescendo, perché Cristo non si spaventa, perché Cristo ha già vinto in sé il peccato, ha già vinto e superato la paura della morte e di tutte le forze che schiavizzano l'uomo.

Nella speranza e nella fede, non dunque nella visibilità, la vittoria è avvenuta. Per questo Paolo, nella Lettera ai Colossesi, può dire: «Se siete risorti con Cristo, cercate le cose di lassù, dove è Cristo, seduto alla destra di Dio» (Col 3,1).

Il nostro baricentro è in cielo. «Rivolgete il pensiero alle cose di lassù, non a quelle della terra. Voi infatti siete morti», siete stati sottratti al dinamismo malvagio della mondanità «e la vostra vita è nascosta con Cristo in Dio! Quando Cristo, vostra vita, sarà manifestato, allora anche voi apparirete con lui nella gloria» (vv. 2-4).

Vita di fede, vita di speranza, ma non per questo meno reale. Anzi, è così reale che quando Cristo si manifesterà noi saremo manifestati pienamente in ciò che già siamo. Da qui la possibilità di resistere alle insidie del maligno, alle tentazioni della diffidenza, della paura, della disperazione, dello scoraggiamento. Riportandoci continuamente al nostro vero luogo, che è l'essere con Gesù alla destra del Padre, noi dominiamo tutte le potenze mondane.

Questa contemplazione alla quale siamo chiamati come cristiani è l'unica che ci permette di vivere la verità di noi stessi. Tutto ciò che è da meno di questo comporta un'esistenza cristiana asfittica, ridotta, melanconica, embrionale.

Conclusione

Mi piace concludere citando il brano di una lettera scritta da santa Chiara a Agnese di Boemia, nel quale la invita a entrare nella dinamica del mistero pasquale vissuto nel battesimo:

«Se con lui soffrirai, con lui regnerai. Se con lui piangerai, con lui godrai; se in compagnia di lui morirai sulla croce della tribolazione, possederai con lui le celesti dimore nello splendore dei santi [...]. Perciò possederai per tutta l'eternità e per tutti i secoli la gloria del regno celeste, in luogo degli onori terreni così caduchi; parteciperai dei beni eterni, invece che dei beni perituri, e vivrai per tutti i secoli»[6].

Ritengo che la Chiesa abbia più che mai bisogno oggi di riflettere sul dinamismo battesimale, per non ripiegarsi in orizzonti limitati. Se, per negligenza o per accondiscendenza al mondo, ci priviamo del quadro globale di fede (che Paolo aveva sempre chiaramente presente); se lo rimuoviamo o lo diamo per scontato, finiremo con l'affaticarci e logorarci nelle piccole realtà di ogni giorno e ci perderemo d'animo.

Ci aiuti Maria, che ha creduto al di là e oltre tutte le

[6] Chiara d'Assisi, *Lettera seconda alla beata Agnese di Praga*, in *Fonti francescane*, Padova, EMP, 1983, p. 2288 (n. 2880).

ragioni, affinché noi possedessimo la Verità in Gesù. La sua Assunzione incarna la speranza del mondo, illumina il cammino cristiano insegnandoci come tutte le vicissitudini terrene debbano essere contemplate alla luce dell'eternità, in uno slancio crescente di fede e di speranza.

Preghiamo dunque gli uni per gli altri chiedendo al Signore di superare il puro verbalismo delle parole e di arrivare, nella grazia di Cristo, alla conoscenza della Verità.

2.

NON SI VIVE PER LA MORTE MA PER LA VITA

I cammini dell'inquietudine personale: *«Mi alzerò e andrò da mio Padre»* (Lc 15,18)

Vi sono molti modi di rifiutare il Padre e il cammino verso di lui. Il più comune (e il più nascosto nell'inconscio) è di rifiutare la morte.

Eppure tutti, senza distinzione, siamo incamminati in un viaggio, breve o lungo, che inesorabilmente ci porta verso di essa. Vivere è anche convivere con l'idea che tutto prima o poi finirà. V'è chi si consola pensando che quando ci sarà la morte noi non ci saremo più e che finché ci siamo essa non c'è.

Ma si tratta di una consolazione fragile. In realtà,

la morte incombe su ogni istante della nostra vita, incombe nella forma della domanda: che sarà di me dopo la morte? che senso ha per me la vita? dove vado con tutto il bagaglio dei miei sforzi, delle mie pene, delle mie magre consolazioni?

In tali domande la morte appare come una sfida radicale al pensare umano, una sfida da cui nasce una riflessione seria. È come una sentinella che fa la guardia al mistero. È come la roccia dura che ci impedisce di affondare nella superficialità. È un segnale a cui non si sfugge e che ci costringe a cercare una meta per cui valga la pena di vivere. È il «vallo estremo» (E. Montale) da cui ci viene, come un contraccolpo, il bisogno di lottare contro l'apparente trionfo della morte e un'esigenza profonda di cercare il senso della vita, di giustificare la fatica dei giorni.

Sento che alcuni, leggendo queste parole, saranno tentati di rifiutarle: perché cominciare con un argomento così serio e troppo poco pervaso dalla speranza delle Scritture? Eppure non ho fatto altro che richiamare la vicenda narrata da Gesù nella parabola dei due figli. È quando il minore, che ha voluto andarsene da casa e ha sperperato i suoi beni, si trova a toccare il fondo («avrebbe voluto saziarsi con le carrube di cui si nutrivano i porci; ma nessuno gli dava nulla»: Lc 15,16) che, quasi per contraccolpo, si ricorda che c'è una casa del padre, dove anche i servi hanno vita, dignità e «pane in abbondanza» (Lc 15,17). L'esperienza della miseria gli consente di guardare in faccia la via della morte che sta percorrendo e di ribellarsi.

Quando ci sentiamo soli, quando nessuno sembra volerci più e noi stessi abbiamo ragioni per disprezzarci o essere scontenti di noi, quando la prospettiva della morte o di una perdita grave ci spaventa e ci getta nella depressione, ecco che dal profondo del cuore riemerge il presentimento e la nostalgia di un Altro che possa accoglierci e farci sentire amati, al di là di tutto e nonostante tutto.

Il Padre è in questo senso – se si vuole un senso ancora laico e mondano – l'immagine di qualcuno a cui affidarci senza riserve, il porto dove far riposare le nostre stanchezze, sicuri di non essere respinti. La sua figura ha al tempo stesso tratti paterni e materni: se ne può parlare come del Padre nelle cui braccia si è sicuri e come della Madre a cui ancorare la vita che da essa riconosciamo. È pertanto evocazione dell'origine, del grembo, della patria, della casa, del focolare, del cuore a cui rimettere tutto ciò che siamo, del volto a cui guardare senza timore. Il bisogno del Padre è quindi equiparabile al bisogno di un riferimento e di un rifugio paterno e materno e può essere espresso indifferentemente con metafore maschili e femminili.

In questa luce, la parola del figlio prodigo: «Mi alzerò e andrò da mio padre» esprime l'esigenza di un'origine in cui riconoscersi, di una compagnia da cui sentirsi amati e perdonati, di una meta verso cui tendere. L'angoscia radicale dell'essere destinati alla morte, quasi «gettati» verso di essa e la nostalgia del Padre-Madre a cui gridare perché ci salvi, sono due aspetti di uno stesso processo che si compie nel nostro cuore, anche quando non assume toni drammatici ma si consuma nelle piccole speranze e ansietà di ogni giorno. In quanto siamo tutti segnati più o meno dall'angoscia, siamo tutti pellegrini verso il Padre, abitati dalla nostalgia della casa materna e paterna, in cui ritrovarci con la certezza di essere comunque capiti e accolti.

Se le cose stanno così, perché allora in tanti è presente un rifiuto perfino viscerale della figura paterna? Perché il Padre-Madre delle nostre origini è al tempo stesso per molti l'avversario da combattere, la controparte da cui emanciparsi e fuggire? Perché il figlio più giovane della parabola vuole «andarsene lontano» dalla casa paterna e dal padre?

Le ragioni del prodigo per andare via di casa sono le stesse per le quali è stata coniata l'espressione «uccisione del padre». Essa denota l'impulso che c'è in noi di chiedere conto e ragione, a chi pensiamo che in qualche modo stia sopra di noi, di ciò che ci spetta, per essere finalmente padroni di noi stessi e del nostro destino, per fare di noi «ciò che ci piace». Ma per questo occorre cancellare in qualche modo la figura del padre, fare come se non ci fosse mai stato, in qualche modo sopprimerlo. Una voce fra tante testimonia tale rifiuto: «La sensazione di nullità che spesso mi domina – scrive Franz Kafka nel novembre 1919 – ha origine in gran parte dalla tua influenza [...]. Io potevo gustare quanto tu ci davi solo a prezzo di vergogna, fatica, debolezza e senso di colpa. Insomma, potevo esserti riconoscente come lo è un mendicante, non con i fatti. Il primo risultato visibile di questa educazione fu quello di farmi rifuggire tutto quanto, sia pur alla lontana, mi ricordasse di te»[1].

Il rifiuto del padre di non pochi nostri contemporanei ci deve rendere guardinghi riguardo a un uso troppo facile dell'immagine paterna (e in certa misura anche di quella materna) per parlare di Dio. Quando parliamo di un «ritorno al Padre» non vogliamo intendere una sorta di regressione alla dipendenza infantile, né tanto meno rievocare conflittualità profonde che hanno segnato alcune personalità. Il Padre-Madre di cui parliamo qui è metafora dell'Altro misterioso e ultimo, cui affidarci senza paura, nella certezza di essere accolti, purificati e perdonati. Questo riflesso del volto di un Padre-Madre capace di amarci senza riserve è stato vissuto da molti di noi in esperienze felici di relazioni paterne e materne. E pure chi ha avuto solo in parte queste esperienze, chi ha avuto

[1] *Lettera al Padre,* Milano, EMP, 1996, pp. 14,32-33.

addirittura esperienze negative, ha nel cuore, forse ancora più forte, la nostalgia del totalmente Altro a cui abbandonarsi. Questo Altro che si offre a tutti come Padre-Madre nell'amore, come «Tu» di misericordia e di fedeltà, è quello che ci è stato rivelato in Gesù Cristo. Non è una pura aspirazione, un auspicio, un vano sospiro interiore: è una realtà che ci è stata manifestata, cui possiamo appoggiarci come a roccia che non crolla, come a braccia che tengono stretti, come a cuore che palpita per noi.

Rimane certamente legittimo portare all'incontro con la Parola rivelante di Dio le nostre angosce, debolezze e paure, con il carico di speranza umana e di attesa di un Altro che comportano. La rivelazione di Dio Padre incrocia le nostre ansie e le nostre attese; però non deriva da esse, è prima di esse, ha una sua verità storica incontrovertibile. Provvidenzialmente ci viene incontro e dà senso a quel ritorno, a quella riscoperta del Padre che è il cammino di ogni uomo e donna sulla terra.

I cammini inquieti di un'epoca: il secolarismo e la società senza padri

Il processo di emancipazione dei singoli dalla figura del padre, a cui abbiamo finora soltanto accennato, si è realizzato anche a livello collettivo, di mentalità corrente, negli ultimi secoli della nostra storia, e ha dato origine all'attuale secolarismo. La vicenda è nota: l'illuminismo del secolo decimottavo ha voluto introdurre un'età della ragione adulta, padrona di sé e del destino del mondo, dove ognuno potesse gestirsi da se stesso e ordinare la vita secondo il proprio calcolo e progetto.

Quest'ambizione dell'epoca moderna – che ha ispirato le grandi rivoluzioni – ha mostrato sempre più la sua profonda ambiguità. Da una parte, la pretesa della ragione adulta di spiegare tutto ha prodotto le grandi ideologie massificatrici; con la conseguenza di eliminare con la forza tutto ciò che apparisse diverso (nel credo, nella condizione sociale, nella razza, nella nazione: di qui i regimi polizieschi, i campi di sterminio, le pulizie etniche, ecc.). Dall'altra, quasi per rivalsa, dalla negazione programmatica della dipendenza da Qualcuno più alto si è passati alla ricerca di idoli, cioè di meschini «sostituti del padre», che hanno assunto il volto del capo carismatico, del partito-guida, dell'idea di progresso, ecc.

È un processo che ha avuto un drammatico risvolto nella negazione esplicita di Dio, inteso come Padre e Signore; così si è sviluppato un ateismo programmatico, l'altra faccia di uno sforzo di emancipazione totale. Di conseguenza, la «morte di Dio» è sembrata condizione necessaria per la vita e la gloria dell'uomo. Ci si è voluti liberare da un Dio inteso come arbitro dispotico o controparte indifferente o inerte.

È emerso presto il prezzo tragico di queste pretese della ragione moderna. Due interpreti della nostra epoca iniziano un loro saggio con le seguenti parole: «L'Illuminismo, nel senso più ampio di pensiero in continuo progresso, ha perseguito da sempre l'obiettivo di togliere agli uomini la paura e di renderli padroni. Ma la terra interamente illuminata splende all'insegna di trionfale sventura»[2]. L'ideologia ha travolto se

[2] Max Horkheimer - Theodor W. Adorno, *Dialettica dell'Illuminismo,* Torino, Einaudi, 1996, p. 11.

stessa nel fumo dei forni crematori e nei genocidi del nostro Novecento. La società senza padri, prodotta dalle ambizioni totalitarie della ragione, si è risolta in una folla di solitudini. La cosiddetta «crisi delle ideologie» e il sorgere del «pensiero debole», che caratterizzano la fine del millennio, nascono dall'esperienza del fallimento delle pretese della ragione adulta.

Che cosa significa ciò in concreto? Che cadono gli orizzonti forti di senso, si diffonde una reazione di rifiuto delle certezze ideologiche, si profila un senso di disagio e di spaesamento. Una condizione di «naufragio con spettatore» (H. Blumenberg) sembra caratterizzare il tempo della fine dei blocchi ideologici contrapposti. L'indifferenza, la mancanza di passione per la verità, l'incapacità a sperare in grande spinge molti a chiudersi nel corto orizzonte dei propri interessi o degli interessi di gruppo. La frammentazione prende il posto dei sistemi totali. L'arcipelago subentra alla massificazione forzata delle ideologie. Emerge il «pensiero debole», timoroso di qualunque verità.

Che ne è della figura del padre in questa condizione

postmoderna? Se l'ideologia aveva voluto liberare gli uomini dalla dipendenza dal padre per renderli adulti ed emancipati, il «pensiero debole» che le succede non ricupera la figura dell'Altro cui affidarsi. La fine della «società senza padri» non equivale a un ritorno alla figura del padre: anzi, il relativismo, che si diffonde come conseguenza dell'abbandono delle certezze ideologiche, sembra rendere gli uomini ancora più chiusi in se stessi e più soli. L'indifferenza ai valori, mascherata spesso sotto l'arrivismo e la frenesia di un'esistenza spesa per l'effimero, compie un passo ancora più radicale dell'«uccisione del padre» operata dalla ragione illuminista: il padre non è più figura di un avversario da combattere o di un despota da cui liberarsi, ma è figura priva di ogni interesse o attrattiva. Ignorare il padre è in fondo più tragico che combatterlo per emanciparsi da lui.

Il relativismo e l'indifferenza si riflettono così anche sull'esperienza di Dio come Padre: il «pensiero debole» non nega Dio, non sente il bisogno di farlo, ma svuota di ogni significato e di ogni attrattiva il trascendente. Al massimo, Dio diventa un «ornamento» (G. Vattimo), una figura che si concilia con la debolezza etica e con la condizione di continua caduta nel non senso: è un Dio senza forza, specchio di un uomo decadente e rinunciatario. Si convive con lui come con uno dei tanti feticci dell'esistenza, senza lasciarsi in nulla segnare o trasformare da lui: è la condizione che la parabola della misericordia del Padre (Lc 15,11-32) esprime attraverso la figura del figlio maggiore, quello restato a casa che, dopo tanti anni di convivenza col padre, è incapace di comprenderne la logica di amore e di perdono. Prigioniero della sua solitudine e schiavo dei suoi interessi («Non mi hai mai dato un capretto!», Lc 15,29), il figlio maggiore non è meno lontano dal padre del figlio andato via di casa: la vicinanza fisica non è vicinanza del cuore. Si può abitare nella casa del padre e ignorarlo coi fatti. Si può ritornare a parlare di Dio, ma non incontrarlo e non farne alcuna esperienza profonda e vivificante.

Ho tentato fin qui di dare una caratterizzazione conseguente di quel «rifiuto del padre», che è effetto del secolarismo e del «pensiero debole».

Ma che cosa vediamo noi di tutto ciò nella gente in

cui ci imbattiamo ogni giorno? Certo non incontriamo spesso questo quadro vissuto in maniera logica e organizzata. La gente comune vive, senza accorgersene, in diversi mondi culturali. In parte percepisce nel profondo il senso di una paternità dall'alto e recita con fiducia, almeno in certi momenti, il *Padre nostro*. In parte condivide nell'inconscio le diffidenze della cultura moderna verso il padre e vorrebbe emanciparsi da un Dio che sente come Padre-padrone. E recepisce pure gli influssi dello smarrimento della postmodernità, che si esprimono non tanto a livello di sistema logico, bensì in un senso di indifferenza generale, di apatia, di sfiducia verso una verità più alta, di arrembaggio a ciò che è effimero. È quest'ultimo aspetto che spiega la lontananza dalla Chiesa di molte persone di mezza età e tanta indifferenza e smarrimento tra i giovani.

Ma vorrei che chi legge facesse un passo oltre. Entrasse cioè in se stesso e rileggesse le coordinate che abbiamo richiamato come parte del suo vissuto e non solo come parte della storia e della cultura degli ultimi tre secoli. Ce lo chiede la parabola dei due figli di Lc 15: entrare nei personaggi dicendo a noi stessi

«Tu sei quell'uomo!» (cfr. 2Sam 12,7). È solo sperimentando in noi stessi i rigurgiti del nostro tempo, prendendone coscienza nel bene e nel male, che noi non guarderemo più soltanto dal di fuori tutti coloro che fanno fatica nella fede e nella pratica cristiana, non li sentiremo più lontani da noi, magari con un senso di disagio e di dispetto, ma li riterremo compagni di cammino, parte della nostra storia, specchio del nostro intimo, e diremo a noi e a loro le parole vere che lo Spirito ci dice dentro. Lo Spirito di Gesù grida infatti «Abbà, Padre» anche in noi uomini e donne del postmoderno indifferente e distratto. Chi sa discernere la voce dello Spirito è chiamato ad aiutare altri a percepire questa stessa voce, perché grida ancora oggi nel cuore di ciascuno.

La vita come pellegrinaggio verso il Padre

Come facilitare la percezione del grido dello Spirito? Come riscoprire il volto del Padre quale volto vero, attraente? Come restituire alla nostra epoca il gusto del riferimento ultimo, misterioso e amoroso, grembo originario in cui muoversi e agire, capace di dare senso alla vita? La duplice analisi che ho abbozzato – quella che dall'angoscia dell'esistenza singola muove verso il Padre-Madre nell'amore e quella che legge l'avvento del secolarismo come rifiuto della figura del padre e caduta nell'indifferenza – mostra l'inevitabilità della scelta. Lì dove l'uomo si chiude in se stesso o pretende di abbracciare l'intero universo nel corto orizzonte dei suoi progetti, trionfano l'angoscia, il non senso, la solitudine. Lì dove la persona accetta di mettersi in ricerca e di aprirsi a un orizzonte più grande, la figura di un Padre ci viene incontro e ci chiama.

Siamo dunque invitati a guardare alla vita e alla storia come a un pellegrinaggio verso il Padre: non si vive per la morte, ma per la vita, e questo approdo finale è legato a Qualcuno che ci viene incontro e garantisce il nostro avvenire come patto d'alleanza con lui. Dove ci si apre all'Altro, che ci visita e ci fa uscire dalle nostre paure e dai nostri egoismi per vivere per gli altri e con loro, nascono patti di pace, incontri nuovi, dialoghi altrimenti ritenuti impossibili. L'esistenza è cammino verso una patria promessa, che ci viene incontro come il mistero santo cui affidarci e dal quale lasciarci raggiungere e salvare.

3.

PAROLE DI VITA ETERNA

«Signore, da chi andremo? Tu hai parole di vita eterna» (Gv 6,68). Pietro pronuncia queste parole al termine di un lungo sviluppo che occupa tutto il cap. 6 del Vangelo di Giovanni.

La fatica di accettare il Dio del «Credo»

In questo capitolo ci sono due fatti rivelatori, due epifanie di Gesù: Gesù che dà il pane nel deserto, che nutre l'uomo; e Gesù che si presenta come salvatore nella tempesta, nel momento del venir meno dell'uomo.

I due episodi ci dicono che Dio è con l'uomo: con l'uomo nella fatica quotidiana e con l'uomo nei momenti difficili e straordinari della tempesta. E dopo questi fatti l'evangelista ci riferisce il lungo dialogo di Cafàrnao che possiamo riassumere così: l'uomo è incapace di accogliere il dono di Dio. Dalle diverse battute, domande, risposte, interrogativi della gente, degli avversari di Gesù, infatti, appare la dolorosa conclusione che l'uomo fa fatica ad accettare che Dio si occupi veramente di lui, che gli sia vicino. L'uomo fa fatica ad accettare il Dio del Credo, del Simbolo, non semplicemente un Dio lontano che si occupa poco di noi e che, conseguentemente, chiede anche a noi di occuparci poco di lui.

Noi facciamo fatica ad accettare il Dio dell'esodo, il Dio della croce, dell'eucaristia, il Dio che vuole camminare con noi per coinvolgerci in un nuovo modo di vita. Alla fine di tutto il discorso di Cafàrnao, le obiezioni e le contrapposizioni che Gesù ha ricevuto sono così tante che si volta verso gli apostoli e dice: voi, allora, che intenzioni avete?

Pietro e Maria di Betània

A questo punto emerge la risposta di Pietro: «Signore, da chi andremo? Tu hai parole di vita eterna!». Pietro, nel contesto di avvenimenti che hanno mostrato la fatica dell'uomo ad accettare l'alleanza, che hanno mostrato diffidenza e freddezza, fa sentire la voce di affidamento a Gesù.

Per capire meglio il significato delle sue parole per la nostra vita, possiamo chiederci se nella Bibbia, nel Nuovo Testamento, ci sia un brano parallelo a questo che ci permetta di confrontarlo utilmente. Se ci sia un testo della Scrittura in cui la confessione avvenga in un clima di durezza di cuore, di diffidenza, di contestazione fatta a Gesù.

In realtà, c'è un brano che introduce, nei Vangeli, alla passione: è l'episodio della donna di Betània che, in casa di Simone, mentre Gesù è seduto a tavola, spezza il vaso di alabastro contenente un unguento prezioso, costosissimo, e lo versa sul capo di Gesù. In un ambiente di diffidenza, di paura, di irritazione, di gente che vuole andarsene, Pietro proclama: «Tu hai parole di vita eterna».

Analogamente, la donna, alla vigilia della passione di Gesù, spezza, rompe, sacrifica il vaso di alabastro, tutto il suo tesoro, per confessare che Cristo è il centro della vita dell'uomo.

C'è anche un altro parallelo tra i due racconti: ambedue sono segnati dal nome del traditore, Giuda. Il suo nome appare subito dopo l'affermazione di Pietro nel cap. 6 del Vangelo di Giovanni: «Egli (Gesù) parlava di Giuda, figlio di Simone Iscariota: costui, infatti, stava per tradirlo, ed era uno dei Dodici» (Gv 6,71). Similmente, dopo che la donna ha infranto il vaso di unguento per versarlo sul capo del Signore, Giuda decide che ormai la misura è colma, che il Maestro è insopportabile e si reca dai sommi sacerdoti per offrire di tradirlo.

Parola e gesto

La donna di Betània, confessa e proclama Gesù col simbolo dello spezzare un vaso preziosissimo, frutto di tutti i suoi risparmi. Dona, cioè, tutto ciò che ha attraverso un gesto che afferma la sua volontà di non tornare indietro e di offrire la sua vita al Maestro perché egli è grande.

Pietro confessa Gesù con il simbolo delle sue parole, della sua interrogazione: «Signore, da chi andremo?», che equivale a una constatazione ormai chiara per lui, che non c'è altra via, altro ideale che ci possa salvare; e poi della sua affermazione positiva: Tu solo hai parole che danno vita eterna, Tu sei il pane della vita per l'uomo che vuole vivere, Tu sei la mia vita.

Potremmo ripetere le parole di Pietro con quelle di Giovanni Paolo II. Nella sua prima enciclica *Redemptor hominis*, il Papa ha detto: «L'unico orientamento dello spirito, l'unico indirizzo dell'intelletto, della volontà e del cuore è per noi questo: verso Cristo, redentore dell'uomo; verso Cristo, redentore del mondo. A lui vogliamo guardare, perché solo in lui, Figlio di Dio, c'è salvezza, rinnovando l'affermazione di Pietro: "Signore, da chi andremo? Tu hai parole di vita eterna"» (II, 7).

Pietro aggiunge un'altra cosa: «Noi abbiamo creduto e conosciuto che tu sei il Santo di Dio». È importante la successione dei verbi usati: crediamo e conosciamo, crediamo e sappiamo. Pietro, in sostanza, vuol dire: ci affidiamo a te, Signore, un po' a occhi chiusi: non tutto ci è chiaro; vorremmo sapere altre cose, ma ci basta capire che è necessario affidarci a te, che non possiamo fare altro che affidarci a te. E allora ci si aprono gli occhi e possiamo conoscere, comprendere chi siamo, perché viviamo, qual è il senso del nostro cammino.

Il nostro Simbolo

Ricevendo con il nostro atto di fede il Simbolo e proclamandolo, noi ci affidiamo a Gesù per poter conoscere, aprire gli occhi sulla nostra vocazione, su ciò a cui Dio ci chiama, sulla vocazione della Chiesa in questo momento della storia.

Vi propongo, allora, una parola di fede che vuol essere la confessione nostra in Cristo morto, risorto, presente nell'eucaristia.

«Noi crediamo che Gesù, uomo e Dio, è il Cristo

risorto e rimane con noi per sempre, nel segno del pane e del vino.

Noi crediamo che Gesù si è offerto volontariamente alla morte per dare all'uomo la vita nuova redenta e santificata. Il gesto della vigilia della sua passione continua, ogni giorno, nell'eucaristia.

Noi crediamo nella sua presenza viva, nel suo sacrificio che si ripete nella messa.

Noi sappiamo che lì è la sorgente della redenzione per noi e per noi tutti.

Noi crediamo che ripetere il suo gesto, di dare il corpo e il sangue, cioè di offrire se stessi per il prossimo, è non solo dovere di cristiani ma l'unico modo di convivenza umana.

Noi crediamo che la risposta più vera alle nostre attese spesso drammatiche, la sorgente di pace, di giustizia e di amore che, con fatica, cerchiamo tra gli uomini, la capacità di cambiare e fondare una nuova umanità, si trova soltanto in te, Gesù, nel tuo dono totale e definitivo che è l'eucaristia presente nella Chiesa.

Noi siamo certi che tutto il dolore, ingiusto e crudele, il sangue fraterno che imbeve la terra, si immerge nel tuo sangue, o Cristo, e diventa salvezza e redenzione per tutti.

Noi siamo certi, o Signore crocifisso, che il sacrificio nascosto nel cuore di uomini onesti, il dono coraggioso di chi lotta per amore, la dolorosa fatica quotidiana, sono momenti preziosi e fecondi, offerti con la morte di Cristo rinnovata nell'eucaristia.

Il Cristo presente nell'eucaristia diventa cibo e forza che sostiene la nostra debolezza. Ci chiama e raduna tutti insieme nella celebrazione domenicale, per fare di noi gli strumenti del suo Regno. E di qui nasce l'amore, il dono quotidiano di noi stessi, la forza per fare della nostra vita un servizio per tutti, nell'onestà, verità e giustizia, nel rispetto di tutti, nell'aiuto a chi ha più bisogno, nello sforzo di rendere tutti fratelli».

Ora che, come Pietro, abbiamo cercato di ripetere il Simbolo con le parole, domandiamoci in che modo potremo ripeterlo con i gesti, in che modo potremo spezzare il vaso di alabastro per proclamare che tutto ciò che abbiamo, lo diamo a Cristo Signore. Vogliamo che il Simbolo sia detto con i gesti della vita e non soltanto con le parole.

Ciascuno può, in questo momento, riflettere su cosa può significare per lui, ora, rompere il vaso di alabastro. Rompere con gli indugi, con la preghiera saltuaria, lunatica, capricciosa per farla prorompere paziente e fiduciosa; rompere con la pigrizia dell'intelligenza e aprirsi a un'intelligenza che non si accontenti delle conclusioni acide e sbrigative, degli slogan, delle idee ricevute, ma che cerchi sempre in profondità, che si accompagni all'amore nell'affrontare la vita e nel cercare il senso delle cose.

Rompere con tutto ciò che ci impedisce di dedicarci, anima e corpo, a questa Chiesa, a questa diocesi, alla nostra parrocchia: nei loro limiti, nei loro momenti difficili, nei loro difetti, esse sono per noi il luogo nel quale Cristo ci chiede di rompere qualcosa di noi per dedicarci a lui totalmente.

Rompere qualcosa di noi vuol dire lasciare entrare nella nostra vita anche la fatica, il sacrificio, ciò che ci costa davvero. Vuol dire fare, in famiglia, nel gruppo, nell'amicizia, nella scuola, nel lavoro, un gesto coraggioso, forse semplice, di fiducia che renda possibile il cammino di altri.

Rompere il vaso di alabastro significherà, per molti di noi, dire di sì a una vocazione definitiva. Ripetere il nostro sì dicendo: «Signore, non torno indietro: tutto ciò che ho, te lo dono da questo momento. Chiedimi qualunque cosa, non voglio negarti niente!». Il Signore benedica questo nostro gesto!

4.

VIGILANTI NELL'ATTESA

Discernere l'ultimo e il penultimo: un'etica della vigilanza

Vivere nell'attesa del ritorno del Signore non è fuga dalla storia; è vivere ancora più pienamente la storia nell'orizzonte del suo destino ultimo.

L'atteggiamento evangelico della vigilanza fonda così un'etica del discernimento: chi attende il Signore si sa chiamato a vivere responsabilmente ogni atto alla presenza del suo Dio, e comprende che il valore supremo di ogni scelta morale sta nello sforzo di piacere a Dio e di santificare il suo Nome compiendo la sua volontà.

Dio, quale orizzonte ultimo e patria vera, diviene

il criterio della decisione morale; il discernimento di ciò che è penultimo rispetto a ciò che è ultimo e definitivo si offre come la forma concreta in cui si esercita la responsabilità etica.

Guardando al mistero pasquale come statuto della vigilanza cristiana, si potrebbe dire che, sotto il profilo morale, la speranza della risurrezione è la morte e risurrezione delle speranze umane: essa dimostra la miopia di tutto ciò che è meno di Dio e al tempo stesso fonda il valore di ogni gesto di amore autentico.

In questa luce, i temi decisivi del nascere e del morire si colorano del loro significato più profondo: nascere è essere chiamati a un destino di eternità, che a nessuno è lecito manipolare o pretendere di interrompere; morire è andare incontro al compimento di tale destino, con tutta la dignità dell'esercizio della libertà che ci è data, per piacere a Dio e santificarne il Nome nella gioia e nel dolore, nella vita e nella morte.

Vivere i giorni feriali col cuore della festa: la spiritualità dell'attesa

Chi, credendo alla promessa di Dio rivelata nella Pasqua, attende il ritorno del Signore e si sforza di vivere nell'orizzonte della speranza che non delude, sperimenta la gioia di sapersi amato, avvolto e custodito dalla Trinità santa. Come le vergini sagge della parabola (cfr. Mt 25,1-13), egli attende lo Sposo, alimentando l'olio della speranza e della fede con il cibo solido della Parola, del Pane di vita e dello Spirito Santo che nella Parola e nel Pane si dona a noi.

Vivere la spiritualità dell'attesa è vivere la dimensione contemplativa nella profonda consapevolezza dell'assoluto primato di Dio sulla vita e sulla storia. Perciò l'atteggiamento spirituale della vigilanza è un continuo riferire al Signore che viene la propria vita e la vicenda umana, nella luce della fede che ci fa camminare da pellegrini verso la patria (cfr. Eb 11) e ci permette di orientare ad essa ogni nostro atto.

Il totale orientamento del cuore a Dio colma la persona della letizia e della pace proprie di chi vive le beatitudini (cfr. Mt 5,1-11; Lc 6,20-23). Essa non sperimenta naturalmente la beatitudine di chi si sente arrivato, bensì quella umile e fiduciosa di chi, nella povertà e nella sofferenza, nella mitezza e nella sete di giustizia, nella custodia del cuore e nel costruire rapporti di pace, si sa sostenuto dall'amore del Signore che è venuto, viene e tornerà nell'ultimo giorno.

La spiritualità dell'attesa esige quindi povertà di cuore per essere aperti alle sorprese di Dio, ascolto perseverante della sua Parola e del suo Silenzio per lasciarsi guidare da lui, docilità e solidarietà con i compagni di viaggio e i testimoni della fede, che Dio ci affianca nel cammino verso la meta promessa.

La vigilanza nutre il senso della Chiesa, nella compagnia della fede e della speranza con quanti camminano con noi verso la celeste Gerusalemme.

Per un'ascetica della vigilanza

«Siate sobri, vegliate. Il vostro nemico, il diavolo, come leone ruggente va in giro, cercando chi divorare» (1Pt 5,8). La liturgia delle ore ci fa leggere ogni martedì nella compieta questa ammonizione, che ci introduce nell'aspetto ascetico della vigilanza.

Vogliamo comprenderla a partire dal «disordine» espresso dall'affermazione: «Non ho tempo». Non ho tempo di pensare al «tempo» di Dio, perché il tempo è «mio», come mia è la vita, la natura, le cose, il denaro, Dio stesso; tutto è mio! Io sono il padrone e tutto uso e consumo a mio piacere. Se Dio non serve a esaudire la mia voglia di benessere, a soddisfare le mie esigenze, a compiere i miracoli che mi procurano successo, carriera, prestigio e potere, quale senso ha il suo esistere? non ho tempo di pensare ad altro che a farmi il «mio» regno, perché chi mi garantisce che ci sia il cosiddetto regno di Dio, per raggiungere il quale dovrei dedicare tempo e vigilanza?

Tali domande ispirano la cultura e il comportamento della società secolaristica che ha relegato Dio tra le cose da usare: sono domande e pensieri che si possono ben qualificare come «seduzioni di satana». Nel Rito delle promesse battesimali che si rinnovano ogni anno nella veglia pasquale è posta la domanda:

«Rinunci a satana, alle sue opere e alle sue seduzioni?». Se la vigilanza cristiana mira a preparare giorno dopo giorno l'incontro con il Signore che viene, esige pure una saggia attenzione a quanto può distoglierci da questo ideale, in particolare alle «seduzioni», che, più insidiose delle comuni tentazioni, sono come forti attrazioni che nascondono l'inganno.

Esse si possono ricondurre all'istinto del godimento, del possesso, del prestigio e del potere (cfr. 1Gv 2,16), strettamente connessi tra loro e interdipendenti (cfr. anche Mt 4,1-11; Mc 1,12-13; Lc 4,1-13). Il godimento, ricercato come fine in se stesso e senza alcuna regola fuorché quella di godere il più possibile; la ricchezza, avidamente accumulata, posseduta e goduta; l'ambizione e la superbia, sempre a caccia di consenso, di prestigio e di successo, quali premesse per garantire il potere di asservire altri e manipolarli a mio uso e consumo.

Questi atteggiamenti culturali e comportamentali non sono estranei neppure a una certa pratica religiosa, alle devozioni e alle oblazioni: si può, infatti, agire come se Dio, la Madonna e i santi esistessero per soddisfare le nostre esigenze. Non si pensi che le attrazioni siano tipiche di alcune categorie di persone, poiché ciascuno di noi vi è esposto.

Siamo chiamati a vigilare per dominarle, in modo che, liberi della libertà dei figli di Dio, possiamo scegliere di dare tempo a lui che ci dedica il suo eterno tempo per realizzare la nostra vita secondo il suo progetto e compierla nell'incontro con Gesù, il Signore.

5.

LA FORZA DELLA CONSOLAZIONE DI GESÙ

Il Tabor è certamente un'esperienza forte di consolazione per Gesù e per i discepoli. Lo è in quanto mostra il senso complessivo degli eventi di Gesù, collocandoli nel quadro del Primo Testamento e in quello del futuro esodo a Gerusalemme, quindi nel quadro della morte, risurrezione, ascensione, gloria del Signore.

È estremamente importante l'allargamento della visuale e spesso la consolazione può essere semplicemente un ampliamento di orizzonti. Quando ci concentriamo su un evento spiacevole, ne restiamo ipnotizzati e lasciamo dilagare la tristezza in tutto il nostro umore. Se invece allarghiamo le prospettive, leggendo l'evento quale momento di un cammino provvidenziale, torniamo a respirare e riprendiamo coraggio.

La Trasfigurazione è appunto l'invito a guardare l'insieme dei misteri e a non farci bloccare da un piccolo o da piccoli episodi. La Trasfigurazione sul Tabor contiene inoltre un anticipo e una promessa della risurrezione di Gesù, attraverso simboli e parole.

I simboli sono il volto di Gesù splendente come il sole e le vesti bianche come la luce. Simboli che rimandano espressamente all'angelo della risurrezione, presente presso la tomba in Mt 28,3, il cui aspetto era «come folgore» e il suo vestito «bianco come la neve». Splendore e candore sono il simbolo della vittoria sulla morte e della pienezza di vita. Gesù sul Tabor è già colui che sa vincere la morte.

L'anticipo della risurrezione appare anche nelle parole. La prima è «esodo» e indica il compimento della missione del Figlio di Dio, che morirà, risorgerà e ritornerà al Padre.

Una seconda parola è «gloria». Pietro, nella Seconda lettera, sottolinea di essere stato testimone oculare di quell'evento straordinario in cui Gesù «ricevette onore e gloria da Dio Padre» (2Pt 1,17). E nel racconto di Lc 9,32 leggiamo che «videro la sua gloria», ossia la gloria definitiva che si manifesterà nella risurrezione.

Tutte le volte che riusciamo a dire: sto soffrendo, ma un giorno avrò il centuplo e il volto di Gesù mi si manifesterà nella pienezza del suo amore, sentiamo in noi la forza della consolazione e sperimentiamo quindi un anticipo di risurrezione.

Gesù risorto consola i suoi

Che cosa potevano aspettarsi gli apostoli dal Risorto? Non avevano la coscienza a posto: erano fuggiti, l'avevano abbandonato, si erano lasciati prendere dalla paura, qualcuno lo aveva tradito, quasi nessuno era sotto la croce. Forse immaginavano che, se Gesù fosse apparso, li avrebbe rimproverati e criticati.

Invece il Risorto, presentandosi a loro, non giudica il comportamento che hanno avuto, non critica, non condanna, non rinfaccia i ricordi dolorosi della loro debolezza, ma conforta e consola. Le uniche parole di rimprovero rivolte sia ai discepoli di Emmaus (Lc 24,25), sia agli apostoli (Mc 16,14), non si riferiscono al fatto che lo hanno abbandonato e che, dopo tante promesse, tante parole altisonanti (moriremo, con te, verremo con te), si sono dimostrati inaffidabili; si riferiscono piuttosto alla loro poca fede. Avrebbero dovuto credere alle Scritture, alle sue parole e alla testimonianza di chi lo aveva visto risorto. Gesù, che vuole il bene di questi poveri apostoli tramortiti, smarriti, confusi, umiliati, interiormente sconvolti dalla certezza di essere così deboli, non tiene conto della loro fragilità, ma li consola e li rilancia.

Soffermiamoci su alcuni esempi di discepoli consolati.

Il primo è nel racconto di Gv 20,11-16: Maria Maddalena che piange al sepolcro perché si è spezzato il legame terreno col Maestro. Gesù non la rimprovera, anche se le sue lacrime sono dovute a mancanza di fede, a incomprensione del mistero del Risorto. Delicatissimamente interpella la donna, entra nel dolore che vive a partire dalla sua situazione confusa:

«Perché piangi? Chi cerchi?». Poi ascolta la risposta goffa e sbagliata: «Dimmi dove l'hai posto e io andrò a prenderlo». Allora la chiama per nome: «Maria!», una parola che la ricolma di consolazione e le consente di riconoscerlo in verità e pienezza.

L'agire di Gesù è un modello stupendo di consolazione che, passando sopra a tutti i difetti, coglie il meglio della persona. Egli sapeva che Maria lo amava e, pronunciandone il nome, risuscita la fiamma del suo amore.

Il secondo esempio riguarda i discepoli di Emmaus (Lc 24,13-35). Mentre l'episodio della Maddalena rappresenta il passaggio dal pianto all'esultanza, quello dei discepoli di Emmaus rappresenta il passaggio dallo smarrimento alla chiarezza. I due non piangono, ma sono smarriti, delusi perché Gesù non ha ricostruito il regno di Israele; sono addolorati per la morte del Maestro e insieme sono sconvolti dalle notizie di alcune donne le quali affermano che il Signore è vivo.

Gesù prende occasione dalla loro delusione e dal loro sconvolgimento per spiegare le Scritture, scaldare il cuore e portarli di fronte alla mensa eucaristica.

Anche qui, con infinita pazienza, agisce positivamente, li illumina e fa cogliere il senso, l'unità, l'ordine, la coerenza, la logicità, la necessità dei testi sacri. È una sorta di *lectio divina*, che chiarisce e scalda il cuore. I due discepoli, senza capire chi era colui che parlava con loro, si dicevano con stupore: abbiamo ritrovato la pace, la serenità, il conforto; i blocchi che ci intristivano sono stati superati e quelle che sembravano disgrazie ora sappiamo leggerle come situazioni provvidenziali. Gesù compie una consolazione tipicamente biblica, che consiste nello spiegare, a partire dalle Scritture, la ragione di una storia, di una vicenda.

Ancora in Lc 24 il Risorto appare ai discepoli (vv. 36-42). È il passaggio dalla paura alla gioia. Essi infatti sono pieni di paura; l'ipotesi stessa che Gesù sia risorto li spaventa e quasi temono di essere respinti, di sentirsi dire: non vi conosco più, siete incoerenti, bugiardi, fanfaroni. Gesù, anche qui, non pronuncia nessuna delle parole che temevano. Con immensa pazienza si fa riconoscere: guardate, sono io, toccatemi, datemi da mangiare; si sforza di metterli a loro agio, presentandosi come uno di loro, vicino a loro, come amico.

Straordinaria infine la manifestazione di Gesù ai discepoli sul lago di Tiberiade e il colloquio con Pietro, dove il passaggio è dalla vergogna alla fiducia (Gv 21,1-19). Il Risorto non rimprovera nessuno: stando sulla riva del lago, consiglia come fare una buona pesca e riempie così il cuore dei discepoli di soddisfazione umana, quasi a sottolineare che è sempre disposto ad aiutarli. Già qualche anno prima Pietro l'aveva sperimentato sul lago di Tiberiade, allorché aveva gettato al largo le reti sulla parola del Signore.

Quando i discepoli tornano a riva, Gesù offre loro da mangiare, senza dire nulla, per non precipitare le cose, per far sì che abbiano modo di rifocillarsi e di riposare dopo avere faticato tutta la notte. È un tocco delicatissimo. Successivamente pone a Pietro per tre volte la domanda: «Pietro, mi ami tu?», che permette implicitamente a Pietro di risalire dal suo tradimento, senza alcun rimprovero. Gli riconsegna anzi il mandato, rinnovandogli totalmente la fiducia: «Pasci i miei agnelli, pasci le mie pecore».

Questa è veramente consolazione regale: non approfittare dell'umiliazione altrui per schernire, schiacciare, mettere da parte, ma riabilitare, ridare coraggio, ridare responsabilità.

Per consolare così, penso che bisogna essere come Gesù, cioè avere in sé una grande gioia, un grande tesoro, perché allora è facile comunicarlo. Il Signore, che ha il tesoro della sua vita divina, fa calare la consolazione come balsamo, goccia a goccia. E noi, nella certezza di essere in comunione con lui, possiamo far calare la consolazione goccia a goccia, senza rimproveri né presunzione.

Sotto il segno dell'amore

Infine, a modo di conclusione, vorrei affermare che tutta la vita cristiana è sotto il segno della consolazione e della letizia. Per questo, nelle Regole per il discernimento degli spiriti della seconda Settimana, sant'Ignazio scrive: «È proprio di Dio e dei suoi angeli dare con le loro mozioni vera letizia e godimento spirituale, togliendo qualsiasi tristezza e turbamento inoculati dal nemico [è una regola fondamentale. Dio agisce dando letizia e gioia, rimuovendo tristezza e turbamento], mentre è proprio del nemico combattere contro tale letizia e consolazione spirituale, adducendo ragioni speciose, sofismi e continue falsità» (n. 329).

In verità, è incredibile la serie delle sottigliezze, delle piccole menzogne, con cui satana cerca di toglierci la gioia (preoccupazioni, previsioni, ansietà, turbamenti); tutto è utile a satana, e spesso riesce nei suoi intenti. Nostro compito è di combattere contro la tristezza che occupa il nostro cuore e il cuore di tanta gente, cercando di smontare le ragioni di depressione, di amarezza, di sconforto, di disperazione.

La vita cristiana e pastorale è dunque sotto il segno della consolazione e della letizia. E questo perché è sotto il segno dell'amore, che potremmo riferire come cifra conclusiva dei nostri esercizi.

Abbiamo riflettuto sull'insieme della storia e della realtà dell'universo utilizzando la duplice sigla «Essere e tempo». Ora sappiamo che l'Essere di Dio è

Amore e il tempo è il luogo nel quale il Padre «ha tanto amato il mondo da dare il suo Figlio unigenito». L'universo perciò è fondato sull'Amore, sull'Essere che è Amore e sul tempo che è espressione di amore; l'universo è fondato su creazione e alleanza e se la creazione è un atto di purissimo amore, l'alleanza è un atto di amore folle, che esce da se stesso.

Mi piace leggere così anche il binomio esercizi-vita: espressione di amore, contemplazione dell'amore di Dio e desiderio forte di comunicarlo a tutti coloro che ci sono affidati e al mondo intero.

Rimettiamoci alla grazia dello Spirito Santo, perché ciò che abbiamo visto della luce del Tabor rimanga e illumini i nostri cuori, fino a che vedremo la più grande luce, la luce eterna, che è la pienezza della vita di Dio.

6.

LA RIVELAZIONE DELLA BELLEZZA CHE SALVA

Siamo saliti sul monte in compagnia dei tre discepoli accanto a Gesù, portando con noi le loro e le nostre domande. Che cosa ci risponderà ora il Signore? In realtà, sul monte Gesù non ci parla: si trasfigura! «Sei giorni dopo, Gesù prese con sé Pietro, Giacomo e Giovanni e li condusse su un alto monte, in disparte, loro soli. Fu trasfigurato davanti a loro e le sue vesti divennero splendenti, bianchissime: nessun lavandaio sulla terra potrebbe renderle così bianche. E apparve loro Elia con Mosè e conversavano con Gesù. Prendendo la parola, Pietro disse a Gesù: "Rabbì, è bello per noi essere qui; facciamo tre capanne, una per te, una per Mosè e una per Elia"»

(Mc 9,2-5). Il racconto di Luca dice che anche i due personaggi partecipano della bellezza di Gesù: «apparsi nella gloria» (Lc 9,31).

Il monte è nella Bibbia il luogo della rivelazione, novello Sinai dove Dio parla al suo popolo. Gesù è la Legge in persona, la Torah fatta carne, che si manifesta nello splendore della luce divina: è la Verità vivente, attestata dai due testimoni per eccellenza, Mosè ed Elia, figure della Legge e dei Profeti. Questa esperienza appare ai discepoli non solo vera e buona, ma anche bella: è il fascino della Verità e del Bene, è la bellezza di Dio che si offre a loro. Tale bellezza è collegata nel racconto alla misteriosa rivelazione della Trinità: «Venne una nube che li coprì con la sua ombra e dalla nube uscì una voce: "Questi è il Figlio mio, l'amato: ascoltatelo!"» (Mc 9,7). La nube e l'ombra sono figura dello Spirito di Dio. La voce è quella del Padre e Gesù è indicato come il Figlio, l'Amato: è dunque la Trinità che si sta comunicando ai discepoli. La bellezza a cui fa riferimento l'esclamazione di Pietro è dunque quella della Trinità divina.

Nel racconto di Luca viene indicato espressamente dove la piena rivelazione della Trinità si compirà: nell'evento pasquale. «Parlavano della sua dipartita, che avrebbe portato a compimento in Gerusalemme» (Lc 9,31). Negli altri Sinottici l'allusione a tale evento avviene al momento della discesa. Mentre scendevano dal monte, Gesù ordinò loro di non raccontare a nessuno ciò che avevano visto, se non dopo che il Figlio dell'uomo fosse risuscitato dai morti. Ed essi tennero per sé la cosa, domandandosi però che cosa volesse dire risuscitare dai morti. E lo interrogarono: «"Perché gli scribi dicono che prima deve venire Elia?". Egli rispose loro: "Sì, verrà Elia e ristabilirà ogni cosa"». Ma cosa sta scritto del Figlio dell'uomo? Che deve soffrire molto ed essere disprezzato (Mt 17,9-12).

La morte e risurrezione del Figlio dell'uomo sono dunque il luogo in cui la Trinità si rivela definitivamente al mondo come amore che salva: «In questo sta l'amore: non siamo stati noi ad amare Dio, ma è lui che ha amato noi e ha mandato il suo Figlio come vittima di espiazione per i nostri peccati» (1Gv 4,10).

La Trasfigurazione ci consente allora di riconoscere nella rivelazione della Trinità la rivelazione della «gloria», e rinvia al pieno compimento di tale rivelazione nella suprema consegna dell'amore che si realizza sulla croce. È lì che «il più bello tra i figli dell'uomo» (Sal 45,3) si offre nel segno paradossale del contrario come «uomo dei dolori..., davanti al quale ci si copre la faccia» (Is 53,3). La Bellezza è l'Amore crocifisso, rivelazione del cuore divino che ama: del Padre sorgente di ogni dono, del Figlio consegnato alla morte per amore nostro, dello Spirito che unisce Padre e Figlio e viene effuso sugli uomini per condurre i lontani da Dio negli abissi della carità divina.

Accompagniamo allora i discepoli nel cammino che Gesù sul monte ha loro mostrato: contempliamo con loro la gloria di Dio, la divina bellezza nella croce e risurrezione del Figlio dell'uomo, dal Venerdì santo ora delle tenebre in cui la Bellezza è crocifissa fino allo splendore del giorno di Pasqua. Vorrei che questo cammino non si limitasse a una successione di richiami biblici, ma rappresentasse come un percorso di fuoco, in cui inoltrarsi con decisione personale e insieme con timore e tremore, lasciandosi bruciare dalla fiamma di Dio.

La Bellezza crocifissa

La croce è rivelazione della Trinità nell'ora della «consegna» e dell'abbandono: il Padre è colui che consegna alla morte il Figlio per noi; il Figlio è colui che si consegna per amore nostro; lo Spirito è il Consolatore nell'abbandono, consegnato dal Figlio al Padre nell'ora della croce: «E, chinato il capo, consegnò lo spirito» (Gv 19,30: cfr. Eb 9,14) e dal Padre al Figlio nella risurrezione (cfr. Rm 1,4).

Sulla croce il dolore e la morte entrano in Dio per amore dei senza Dio: la sofferenza divina, la morte in Dio, la debolezza dell'Onnipotente sono altrettante rivelazioni del suo amore per gli uomini. È questo amore incredibile e insieme mite, attraente che ci coinvolge e ci affascina, quello che esprime la vera bellezza che salva. Questo amore è fuoco divorante, ad esso non si resiste se non con un'ostinata incredulità o con un persistente rifiuto a mettersi in silenzio davanti al suo mistero, cioè col rifiuto della «dimensione contemplativa della vita».

Certo, il Dio cristiano non dà in questo modo una risposta teorica alla domanda sul perché del dolore del mondo. Egli semplicemente si offre come la «custodia», il «grembo» di questo dolore, il Dio che non lascia andare perduta nessuna lacrima dei suoi figli, perché le fa sue. È un Dio vicino, che proprio nella vicinanza rivela il suo amore di misericordia e la sua tenerezza fedele. Ci invita a entrare nel cuore del Figlio che si abbandona al Padre e a sentirci così dentro il mistero stesso della Trinità.

Il Figlio è il grande compagno della sofferenza umana, colui che ci è dato riconoscere in tutte le sofferenze, soprattutto quelle che chiamiamo «innocenti»: si pensi a quanto è stato forte questo motivo del «dolore innocente» nell'opera instancabile di un don Carlo Gnocchi per i suoi «mutilatini». Il volto «davanti al quale ci si copre la faccia» (Is 53,3) ci appare come un volto bello, quello che Madre Teresa di Calcutta contemplava con tenerezza nei suoi poveri e nei morenti.

Lo splendore della Bellezza

A Pasqua risplende la bellezza che salva, la carità divina si effonde nel mondo. Nel Risorto, colmato dal Padre dello Spirito di vita, non solo si compie la vittoria sul silenzio della morte ed è offerta la forma dell'Uomo nuovo, che è tale in pienezza secondo il progetto di Dio, ma si compie anche il supremo «esodo» da Dio verso l'uomo e dall'uomo verso Dio, si attua quell'apertura all'oltre da sé, cui aspira il cuore umano. Se facciamo nostro nella fede l'evento di Pasqua, siamo noi pure trascinati in questo vortice che ci invita a uscire da noi stessi, a dimenticarci, a gustare la bellezza del dono gratuito di sé.

L'incontro con la Bellezza che salva

La rivelazione della Trinità come bellezza divina che salva raggiunge la vita dei discepoli negli incontri testimoniati dai racconti delle apparizioni. Nella verità cronologica e geografica di queste scene, emerge una struttura ricorrente: è il Risorto che prende l'iniziativa e si mostra vivente (cfr. At 1,3). L'incontro viene a noi dall'esterno, attraverso un gesto e una parola che ci raggiungono e che sono oggi il gesto e la parola della Chiesa che annuncia il Risorto. Gesti e parole che suscitano sorpresa gioiosa, esultanza per la gloria del Risorto, consolazione nel sentirsi tanto amati, voglia di donarsi a Colui che ci chiama a partecipare alla sua pienezza di vita, desiderio di gridare la lieta confessione di fede: «È il Signore!» (Gv 21,7); «Mio Signore e mio Dio!» (Gv 20,28).

Chi ha incontrato il Risorto è inviato da lui a essere suo testimone: l'incontro pasquale cambia la vita di chi lo sperimenta. I pavidi fuggiaschi del Venerdì santo diventano i testimoni coraggiosi di Pasqua fino a dare la vita per la confessione del loro Signore. Il suo splendore ha veramente rapito il loro cuore e ha fatto di loro gli annunciatori del dono di Dio, quelli che avendo fatto esperienza della salvezza e gustandone la bellezza e la gioia, avvertono il bisogno incontenibile di portare ad altri il dono ricevuto.

Trasfigurati dall'amore che salva, i discepoli diventano i testimoni di questa trasfigurazione: la bellezza che li ha rapiti a se stessi diventa la molla che li spinge a dare a tutti gratuitamente quanto gratuitamente è stato loro donato.

Il «Pastore bello» e la Chiesa dell'Amore

Essere testimoni della bellezza che salva nasce dal farne continua e sempre nuova esperienza: ce lo fa capire lo stesso Gesù quando, nel Vangelo di Giovanni, si presenta come il «pastore bello» (così è nell'originale greco, anche se la traduzione normalmente preferita è quella di «buon Pastore»): «Io sono il pastore bello. Il bel pastore offre la vita per le pecore... Io sono il bel pastore, conosco le mie pecore e le mie pecore conoscono me, come il Padre conosce me e io conosco il Padre; e offro la vita per le pecore» (Gv 10,11.14s.).

La bellezza del Pastore sta nell'amore con cui consegna se stesso alla morte per ciascuna delle sue pecore e stabilisce con ognuna di esse una relazione diretta e personale di intensissimo amore. Questo significa che l'esperienza della sua bellezza si fa lasciandosi amare da lui, consegnandogli il proprio cuore perché lo inondi della sua presenza, e corrispondendo all'amore così ricevuto con l'amore che Gesù stesso ci rende capaci di avere.

Il luogo in cui questo incontro di amore bello e vivificante con il Pastore è possibile è la Chiesa: è in essa che il bel Pastore parla al cuore di ciascuna delle sue pecore e rende presente nei sacramenti il dono della sua vita per noi; è in essa che i discepoli possono attingere dalla Parola, dagli eventi sacramentali e dalla carità vissuta nella comunità la gioia di sapersi amati da Dio, custoditi con Cristo nel cuore del Padre.

La Chiesa è in tal senso la Chiesa dell'Amore, la comunità della bellezza che salva: farne parte con adesione piena del cuore che crede e che ama è esperienza di gioia e di bellezza, quale nulla e nessuno al mondo può dare allo stesso modo. Essere chiamati a servire questa Chiesa con la totalità della propria esistenza, nel sacerdozio e nella vita consacrata, è un dono bello e prezioso, che fa esclamare: «Per me la sorte è caduta su luoghi deliziosi, la mia eredità è stupenda» (Sal 16,6).

La conferma di questo ci viene dalla vita dei santi: essi non solo hanno creduto nel «bel Pastore» e lo hanno amato, ma soprattutto si sono lasciati amare e plasmare da lui. La sua carità è diventata la loro; la sua bellezza si è effusa nei loro cuori e si è irradiata dai loro gesti.

Quando la Chiesa dell'amore attua in pieno la sua identità di comunità raccolta dal «bel Pastore» nella carità divina, si offre come icona vivente della Trinità e annuncia al mondo la bellezza che salva. È questa la Chiesa che ci ha generato alla fede e continuamente ha reso bello il nostro cuore con la luce della Parola, il perdono di Dio e la forza del pane di vita. È questa la Chiesa che vorremmo essere, aprendoci allo splendore che irradia dall'alto, affinché esso dimorando nelle nostre comunità attiri il «pellegrinaggio dei popoli», secondo la stupenda visione che i Profeti hanno della salvezza finale: «Alla fine dei giorni, il monte del tempio del Signore sarà saldo sulla cima dei monti e s'innalzerà sopra i colli, e ad esso affluiranno tutte le genti. Verranno molti popoli e diranno: “Venite, saliamo sul monte del Signore, al tempio del Dio di Giacobbe, perché ci insegni le sue vie e possiamo camminare per i suoi sentieri”» (Is 2,1-3; cfr. Mt 4,1-3; Zc 8,20-21; 14,16; Is 56,6-8; 60,11-14).

Attraverso il popolo del «bel Pastore» la luce della salvezza potrà raggiungere tanti attirandoli a lui e la sua bellezza salverà il mondo.

7.

L'ALBA DI UN MONDO NUOVO

L'evento della risurrezione di Cristo

Allo straziante grido di derelizione risuonato sulla bocca di Gesù in croce («Mio Dio, mio Dio, perché mi hai abbandonato?») – grido che riassume tutte le situazioni di afflizione dell'umanità – risponde nella notte del Sabato santo e nel giorno di Pasqua, un gioioso grido di fede e di speranza: Cristo è risorto! Di fede, perché annuncia ciò che per sempre è accaduto in Cristo; di speranza, perché annuncia ciò che attende tutti gli uomini e le donne della terra quando lo vedranno risorto nella pienezza della sua sfolgorante gloria.

La risurrezione di Gesù, infatti, non è come quella di Lazzaro (raccontata nel Vangelo di Giovanni al cap. 11) che era tornato per poco in mezzo ai suoi; è una nuova azione di Dio, che non riusciremo mai a immaginare con la nostra mente, con la nostra fantasia, come non possiamo immaginare la stupenda realtà che Dio farà di noi alla nostra morte e al momento della nostra risurrezione. Un'azione di Dio su Gesù e su di noi, tale che la morte non avrà più alcun potere.

La certezza di quel grido di gioia proclama che ogni abisso di male del mondo è stato inghiottito da un abisso di bene, che ogni morte ha già il suo contrappeso di vita, che ogni crisi ha già il suo superamento e ogni tristezza ha già la sua gioia.

La nostra esistenza umana è incline a rimpicciolire le speranze, a ridurle di giorno in giorno di fronte alle delusioni, e la nostra tristezza ci porta sovente a rifiutare parole di conforto, perché non abbiamo un'idea esatta della liberazione portata da Gesù risorto.

Il Risorto ha davvero inaugurato un mondo nuovo, che entra in mezzo a noi in quanto la Pasqua è una ri-creazione, una nuova creazione dell'umanità.

La risurrezione di Gesù è un fatto storico, di significato cosmico, è l'inizio della trasformazione globale del mondo; è un evento di significato epocale perché trasforma il senso della storia e ne indica la vera direzione. Un evento *unico* e insieme un evento che rivela un'attesa costante e universale, scritta nel cuore di ogni uomo e di ogni donna.

• Un evento *unico*: non è mai accaduto un fatto simile di fede nella risurrezione definitiva e gloriosa di un uomo di cui è stata documentata la vita, la morte e la sepoltura. Non è accaduto in nessuna altra religione, benché vi siano state premesse somiglianti a quelle presenti nella vita terrena di Gesù: capi religiosi da tutti stimati, dottrine spirituali elevate. Sono tanti gli uomini, nel corso dei secoli, dei quali si sarebbe voluto sperimentare che vivevano ancora. Eppure soltanto di Gesù di Nàzaret i discepoli, e anche gli avversari, hanno affermato di averlo incontrato risorto e hanno creduto che egli vive ora nella pienezza della vita divina mentre resta vicino a noi con la potenza del suo Spirito.

• Un evento *straordinario*, ma che manifesta una legge universale. Esso rivela che la risurrezione di Cristo risponde alle intuizioni, alle speranze di un destino umano aperto al futuro, viene incontro al nostro desiderio che la morte non sia l'ultima parola della vita, che la posa di una pietra tombale non sia l'ultimo atto della nostra esistenza.

Tale segreta premonizione, tale irrinunciabile speranza appartiene alla storia degli uomini, è nel cuore di tutti e di ciascuno; ogni persona umana, a prescindere dalla fede religiosa, vive una sorta di atto di speranza nella propria durata oltre la morte, e lo vive e lo compie o nel modo della libera accettazione, della fiducia oppure del libero rifiuto, della sfiducia, dello scetticismo.

Ma l'atto di fiducia nella propria sopravvivenza, anche quando è posto, rimane un protendersi verso un avvenire ignoto; e quando è negato fa rinchiudere in se stessi, lascia insoddisfatti, quasi disperati.

È lo scoppio storico della notizia che Gesù è risorto ed è apparso ai suoi, che trasforma le trepide attese umane in una luce sfolgorante permettendoci di vedere in lui la primizia della nostra risurrezione, la certezza in una vita che non verrà mai meno. Nel Risorto è glorificato un frammento di storia, di cosmo, quale segno e inizio del destino del genere umano e dell'intero cosmo, dell'uomo e della donna chiamati a formare il grande corpo dell'umanità risorta in Cristo. La risurrezione di Gesù ha quindi il senso di un definitivo essere salvata dell'esistenza umana, a opera di Dio e davanti a lui.

È vero che nel nuovo orizzonte derivato dalla risurrezione di Cristo è ancora presente la sofferenza, l'ostilità, la fatica, la violenza, le guerre, per cui ci si domanda: ma dov'è il cambiamento che avrebbe operato il Risorto? La risposta è semplice: la Pasqua di Gesù non ci trasferisce automaticamente nel regno dei sogni; ci raggiunge nel cuore per farci percorrere con gioia e speranza quel cammino di purificazione e di autenticità, di verifica del nostro comportamento, che ha come traguardo la certezza di una vita che non muore più. La Pasqua non ci restituisce a un mondo irreale; bensì a un'esistenza autentica, un'esistenza di fede, di speranza, di amore: una fede che è fonte di gioia e di pace interiore, una speranza che è più forte delle delusioni, un amore che è più forte di ogni egoismo.

Il Risorto è con noi e insieme a lui siamo in grado di vincere il male con il bene, di trarre dal male il bene più grande. Questa è la forza e la novità della Pasqua.

Il racconto della risurrezione di Gesù

Nessuno è stato testimone della risurrezione di Gesù; nessuno era presente nel momento in cui è uscito dal sepolcro. L'evangelista Marco racconta come Gesù, dopo la sua morte, fu sepolto in una tomba scavata nella roccia. A questa tomba si recano, passato il giorno del sabato, delle donne che vogliono imbalsamare il corpo del Signore. Giungono al sepolcro al levare del sole, ma scoprono con sorpresa che il grande masso posto all'entrata della tomba era stato già rotolato. Entrano ed ecco un giovane seduto sulla destra, vestito di una veste bianca, che dice loro: «Non abbiate paura! Voi cercate Gesù Nazareno, il crocifisso. È risorto, non è qui. Ecco il luogo dove l'avevano posto. Ma andate, dite ai suoi discepoli e a Pietro: "Egli vi precede in Galilea. Là lo vedrete, come vi ha detto"» (Mc 16,6-7).

Come gli altri evangelisti, Marco si preoccupa di riferire i fatti e le parole; non aggiunge nulla di suo. Qualcuno tuttavia potrebbe obiettare: ma sarà vero quello che ha detto? la risurrezione di Gesù non potrebbe essere una leggenda?

Le apparizioni del Risorto

In realtà, noi abbiamo delle testimonianze storiche inconfutabili che attestano le apparizioni di Gesù risorto.

I quattro Vangeli – Matteo, Marco, Luca e Giovanni – descrivono gli incontri con il Risorto proprio per sottolineare che egli vive ancora in mezzo a noi, cammina con l'umanità lungo tutti i secoli.

Matteo riferisce l'incontro di Gesù con delle donne (28,9-10) e con gli undici apostoli (28,16-20). Marco l'incontro con Maria di Màgdala, con due discepoli e con gli undici apostoli (16,9-18); Luca riporta l'incontro di Gesù con i discepoli di Emmaus e con gli apostoli (24,13-53); Giovanni l'incontro con Maria Maddalena, con gli apostoli, con l'incredulo Tommaso e con i discepoli sul lago di Tiberiade (20,11-29; 21,1-23).

Luca, nel libro degli Atti, scrive che Gesù apparve ai suoi per quaranta giorni, parlando del regno di Dio (1,1-8).

Il più antico documento che possediamo della fede cristiana nella risurrezione è un passo della Prima lettera di Paolo ai Corinzi: «A voi ho trasmesso, anzitutto, quello che anch'io ho ricevuto: cioè che Cristo morì per i nostri peccati secondo le Scritture, e che fu sepolto e che è risorto il terzo giorno secondo le Scritture, e che apparve a Cefa e quindi ai Dodici. In seguito apparve a più di cinquecento fratelli in una sola volta: la maggior parte di essi vive ancora, mentre alcuni sono morti. Inoltre apparve a Giacomo, e quindi a tutti gli apostoli. Ultimo fra tutti apparve anche a me come a un aborto» (1Cor 15,3-8).

Notiamo che dei quattro verbi attribuiti a Cristo tre sono, nel testo originale greco, in un tempo che indica un fatto avvenuto nel passato (morì, fu sepolto, apparve); il quarto invece, «è risorto», nel testo greco ha un tempo che indica il permanere di un evento accaduto in passato, ma che continua ad avere effetti nel presente, nell'oggi.

Dunque Gesù non solo è risorto, bensì vive ancora adesso per noi e per il mondo intero. Potremmo dire che, se la risurrezione è il momento culminante della pienezza della vita e di amore di Dio che si comunica agli uomini in Cristo Gesù, tale pienezza continua a crescere attraverso l'accoglienza della grazia del Risorto, che viene fatta dall'umanità nel suo cammino. E il Risorto appare ricostituendo una serie di rapporti: con singole persone, con gruppi, con la folla, donando a tutti la capacità di vivere relazioni autentiche, di perdonare, di superare le conflittualità presenti nelle famiglie, nella società, nelle nazioni.

Fermiamoci allora sull'episodio dell'incontro di Gesù con Maria di Màgdala:

«Maria stava all'esterno, vicino al sepolcro, e piangeva. Mentre piangeva, si chinò verso il sepolcro e vide due angeli in bianche vesti, seduti l'uno dalla parte del capo e l'altro dei piedi, dove era stato posto il corpo di Gesù. Ed essi le dissero: "Donna, perché piangi?". Rispose loro: "Hanno portato via il mio Signore e non so dove lo hanno posto". Detto questo, si voltò indietro e vide Gesù, in piedi; ma non sapeva che fosse Gesù. Le disse Gesù: "Donna, perché piangi? Chi cerchi?". Essa, pensando che fosse il custode del giardino, gli disse: "Signore, se l'hai portato via tu, dimmi dove l'hai posto e io andrò a prenderlo". Gesù le disse: "Maria!". Ella si voltò e gli disse in ebraico: "Rabbunì!", che significa "Maestro!". Gesù le disse: "Non mi trattenere, perché non sono ancora salito al Padre; ma va' dai miei fratelli e di' loro: Salgo al Padre mio e Padre vostro, Dio mio e Dio vostro". Maria di Màgdala andò ad annunciare ai discepoli: "Ho visto il Signore!" e ciò che le aveva detto» (Gv 20,11-18).

• Maria Maddalena è giunta al sepolcro di buon mattino, ha visto con sorpresa la tomba vuota e resta presso il sepolcro a piangere perché il suo amico e Maestro è morto; si accontenterebbe di sapere dove l'hanno messo.

Ella rappresenta l'umanità sempre alla ricerca di un salvatore, ma con una speranza inibita e ristretta, che non osa. La sua ricerca di Gesù è ancora molto umana: cerca Gesù tra i morti, dove non c'è. Sovente noi cerchiamo Dio dove non c'è, attraverso modelli di efficacia umana, di successo, di potere, di soddisfazioni facili.

La ricerca di Maria Maddalena è anche l'immagine di una società afflitta e smarrita, che desidererebbe almeno riflettere un po', per comprendere le ragioni dei suoi mali, per vedere quali sono gli errori che ha commesso.

• Gesù non è irritato dalla ricerca sbagliata e imperfetta della donna perché sa che in lei c'è molto amore e un profondo anelito. E, a un tratto, Maria Maddalena vede con i suoi occhi colui che non credeva più di vedere, ascolta una voce intensa che non avrebbe mai più pensato di udire, si sente chiamare per nome: «Maria!».

E significativo che Gesù si riveli a lei non annunciandole l'evento che lo riguarda: «Sono risorto, sono vivo», ma pronunciando il nome: «Maria!». Si tratta di una rivelazione personale, esistenziale, che infonde non solo la certezza che Cristo è vivo, bensì la coscienza di essere da lui conosciuta veramente, nella sua pienezza e dignità. Quello di Gesù è un appello discreto di libertà, espresso con il nome che indica meglio l'interiorità.

Così Gesù vuole incontrare ogni uomo: avvicinandosi, correggendo le ricerche incerte, confuse, maldestre, rivelando il suo amore e chiamando per nome. Ciascuno di noi può fare l'esperienza del Risorto, scoprirne i segni, pur se sente nel cuore poca speranza e se sul suo volto scendono lacrime.

È nell'interiorità che possiamo scoprire l'amore di Dio; è dentro di noi che possiamo sentirci chiamati e restituiti alla nostra identità profonda, alla nostra vocazione di figli di Dio.

Dunque l'evangelista Giovanni ci trasmette che la prima creatura a scoprire i segni del Risorto è stata una donna piena di sensibilità, di affetto, di tenerezza. Una donna colma di quell'anelito, di quel desiderio di andare al di là della morte e della finitudine umana, che sperimenta ogni persona quando, per esempio, nelle sue giornate prende delle decisioni coraggiose e oneste, senza che da esse gli venga alcun vantaggio per la vita presente, traendone anzi perdita e talora danno.

È in occasione di simili atti che comprendiamo di dover compiere in maniera assoluta, senza ritorni umani e senza costrizioni esterne; che affermiamo, almeno implicitamente, l'esistenza di qualcosa al di là, che magari non riconosciamo ancora in parole o in concetti religiosi e che tuttavia guida ogni azione onesta e disinteressata facendoci intuire come i conti che quaggiù non tornano alla fine torneranno.

Questa forza interiore e questa speranza sono un grido verso il Risorto, sono la ricerca coltivata da Maria presso la tomba: la sua ricerca confusa e incerta è preziosa, è esperienza ineliminabile di una persona umana giunta a un minimo di autenticità e di onestà con se stessa e con la vita.

La forza interiore e la speranza sono l'antidoto di cui abbiamo bisogno contro il decadimento sociale, morale, civile e politico, un decadimento che tende a mandare in frantumi l'unità culturale e civile di un popolo, che tende a far perdere il senso delle ragioni per stare insieme e lavorare per lo stesso scopo, nella stessa direzione.

Per uscire dal cerchio infernale del degrado sociale e politico, occorre che il cuore appesantito, come quello di Maria Maddalena che piange, sia mosso da una grande e concreta speranza, non legata a circostanze contingenti, a rimedi di corto livello sui quali siamo fin troppo portati allo scetticismo.

Gesù che appare alla donna ci invita a cambiare

modo di pensare e di vedere, ad accettare che l'amore di Dio dissolve la paura, che la grazia rimette il peccato, che l'iniziativa di Dio viene prima di ogni sforzo umano e ci rianima, ci rigenera interiormente.

• Un'altra apparizione del Risorto può essere ricordata: l'incontro con due discepoli.

«In quello stesso giorno quello della scoperta della tomba vuota, la domenica della risurrezione due di loro erano in cammino per un villaggio di nome Emmaus, distante circa undici chilometri da Gerusalemme, e conversavano tra loro di tutto quello che era accaduto. Mentre conversavano e discutevano insieme, Gesù in persona si avvicinò e camminava con loro. Ma i loro occhi erano impediti a riconoscerlo. Ed egli disse loro: "Che cosa sono questi discorsi che state facendo tra voi lungo il cammino?". Si fermarono, col volto triste; uno di loro, di nome Clèopa, gli rispose: "Solo tu sei forestiero a Gerusalemme! Non sai ciò che vi è accaduto in questi giorni?". Domandò loro: "Che cosa?". Gli risposero: "Ciò che riguarda Gesù, il Nazareno, che fu profeta potente in opere e in parole, davanti a Dio e a tutto il popolo; come i capi dei sacerdoti e le nostre autorità lo hanno consegnato per farlo condannare a morte e lo hanno crocifisso. Noi speravamo che egli fosse colui che avrebbe liberato Israele; con tutto ciò, sono passati tre giorni da quando queste cose sono accadute. Ma alcune donne, delle nostre, ci hanno sconvolti; si sono recate al mattino alla tomba e, non avendo trovato il suo corpo, sono venute a dirci di aver avuto anche una visione di angeli, i quali affermano che egli è vivo. Alcuni dei nostri sono andati al sepolcro e hanno trovato come avevano detto le donne, ma lui non l'hanno visto".

Disse loro: "Stolti e lenti di cuore a credere in tutto ciò che hanno detto i profeti! Non bisognava che il Cristo patisse queste sofferenze per entrare nella sua gloria?". E, cominciando da Mosè e da tutti i profeti, spiegò loro in tutte le Scritture ciò che si riferiva a lui.

Quando furono vicini al villaggio dove erano diretti, egli fece come se dovesse andare più lontano. Ma essi insistettero: "Resta con noi, perché si fa sera e il giorno è ormai al tramonto". Egli entrò per rimanere con loro. Quando fu a tavola con loro, prese il pane, recitò la benedizione, lo spezzò e lo diede loro. Allora si aprirono loro gli occhi e lo riconobbero. Ma egli sparì dalla loro vista. Ed essi dissero l'un l'altro: "Non ardeva forse in noi il nostro cuore mentre egli conversava con noi lungo la via, quando ci spiegava le Scritture?"» (Lc 24, 13-32).

Possiamo cogliere in questo racconto quattro esperienze umane fondamentali: il camminare, l'ospitalità, la frazione del pane, l'apertura degli occhi.

• Tutto si svolge durante un cammino, cioè nell'esperienza dell'itineranza, dell'andare verso un luogo: «due di loro erano in cammino». L'evangelista Luca parla spesso di Gesù come «colui che fa cammino», che è in cammino. Anche il particolare che, quando Gesù pone la domanda, i due si fermano e poi riprendono a camminare, rivela che viene data molta importanza a questa esperienza, sotto la quale può essere vista la storia di ogni uomo. La vita umana è un dinamismo, va in avanti, è protesa verso una direzione e Dio viene incontro all'uomo per accompagnarlo e per camminare con lui.

• L'ospitalità, l'accoglienza è un altro simbolo primario e antichissimo dell'uomo che supera l'istintivo timore del viandante che bussa alla porta. Qui è espressa con parole meravigliose: «Resta con noi», dicono i due a Gesù, non andartene, vogliamo stare insieme. La loro diffidenza iniziale verso lo sconosciuto si scioglie lentamente sino a diventare fraternità: vieni a casa mia, che tu sia mio ospite. In oriente, l'ospitalità è uno dei pilastri del costume, è il modo di essere uomini veri: saper accogliere chiunque, a qualunque ora, in qualunque tempo, senza mai irritarsi, preparando subito tutto con gioia, è un preciso dovere dell'orientale. Ed è un simbolo che ci interpella, che interpella gli abitanti delle nostre grandi città che, vivendo magari nello stesso caseggiato, con gli appartamenti sulle stesse scale, si ignorano per anni, non avvertono il bisogno di frequentarsi, di conoscersi, di accogliersi.

• Anche la frazione del pane ha una sua simbologia umana e storica. La partecipazione del medesimo pane è più dell'ospitalità, è la condivisione della mensa che rende veramente fratelli, è come una cerimonia di alleanza, di amicizia: metto in comunione con te il pane che è un mio bene.

Luca, con la frase «spezzò il pane», ha in mente l'eucaristia; vuole sottolineare che Gesù, ormai risorto e vivo, si dona ai due manifestandosi nella carità perfetta dell'eucaristia. Ma la condivisione è, di fatto, un simbolo umano, e per questo Gesù l'ha scelto come simbolo eucaristico, come segno del dono della sua vita all'uomo.

• L'apertura degli occhi è in opposizione al tema della chiusura degli occhi: «I loro occhi erano impediti a riconoscerlo», erano come accecati. Anche Maria di Màgdala, in un primo momento, aveva scambiato Gesù per il custode del giardino. Come mai, pur conoscendo bene il suo volto, pur essendo suoi fedeli discepoli, non capivano che era Gesù? Gli occhi di Maria erano chiusi dalle lacrime, dal dolore, dalla ricerca sbagliata; i due di Emmaus sono accecati dall'aver perso ogni speranza, dal non aver compreso le parole di Dio contenute nella Scrittura. Ad un tratto «si aprirono i loro occhi e lo riconobbero».

L'uomo, immerso nella quotidianità pesante, non vede le meraviglie dell'amore di Dio che lo circondano, non sa leggere la Scrittura in modo retto, teme che il Dio di Gesù Cristo, di cui sente parlare, gli impedisca di essere felice, di vivere come intende vivere. Quando invece, nel suo cammino di ricerca faticosa, apre gli occhi, per la grazia del Risorto, allora scopre con stupore e con gioia che Dio gli è amico, gli è Padre, che Gesù gli è fratello, che la fede è chiave di vita veramente umana.

I due discepoli conoscevano le Scritture, ma non ne avevano colto il significato più profondo. Gesù gliele spiega, spiega il mistero dell'uomo, della storia, degli avvenimenti, delle vicende ed ecco che il loro cuore arde: «Non ardeva forse in noi il nostro cuore... quando ci spiegava le Scritture?». Il fuoco che brucia produce scuotimento, sconvolgimento interno, emozione forte; è l'esperienza che nasce dall'ascolto vero della Parola di Dio. Ora hanno capito che ogni pagina della Bibbia, dal primo all'ultimo libro, contiene quella Parola vivente che è Gesù morto e risorto.

Ne consegue un insegnamento prezioso: è fondamentale conoscere la Scrittura per scoprire l'amore di Dio per l'uomo e la sua lunga storia d'amore per noi che si è dispiegata nella storia della salvezza.

Nell'insieme, l'apparizione di Gesù ai due discepoli ci ricorda che l'uomo è un essere in cammino e bisognoso di significato; che in questo cammino è chiamato a riconoscere la Parola di Dio che lo incalza, lo interpella continuamente sulla direzione del suo viaggio per spiegargliene il senso; che la libertà e la felicità dell'uomo consiste nell'accogliere questa Parola, nel non rifiutarla, nell'aprire gli occhi e il cuore al disegno di Dio rivelatoci pienamente nel mistero del suo Figlio Gesù morto e risorto per noi, vivo e operante in mezzo a noi.

L'evento della Pasqua che si rinnova in ogni celebrazione eucaristica chiede ai cristiani di essere persone capaci di dire all'umanità: Non temere, donna, non piangere! Ora sai dove conduce il cammino della vita, ora sai che il tuo Signore è con te.

Non dobbiamo tuttavia dimenticare che il Risorto è per sempre il Crocifisso e sta davanti al Padre come colui che è passato per amore attraverso la passione e la morte di croce. Il Risorto, infatti, allorché apparve agli apostoli «mostrò loro le mani e il fianco» trafitti, come sappiamo dal Vangelo di Giovanni (Gv 20,19-29).

E tornando da loro dopo otto giorni, all'apostolo Tommaso, che alla prima apparizione di Gesù non era presente e si rifiutava di credere che era ancora vivo, disse: «Metti qui il tuo dito e guarda le mie mani; tendi la tua mano e mettila nel mio fianco; e non essere incredulo, ma credente!» (Gv 20,27).

Il mistero pasquale comprenderà dunque per tutta l'eternità, inscindibilmente, morte e risurrezione, perché Dio ha scelto di salvarci così, si è manifestato amico dell'uomo attraverso l'amore crocifisso del Figlio, si è spogliato nel Figlio diventato povero per rendere credibile il suo amore per noi.

Alla domanda antica e nuova dell'uomo che cosa sarà di me dopo la morte? la fede cristiana non risponde quindi assicurando semplicemente che tutto continuerà dopo la fine del tempo, che tutto ci verrà restituito: sarebbe una risposta incompleta. La fede cristiana afferma che l'eternità, la vita nuova, vera e definitiva è già entrata con la Pasqua di Cristo nella mia esperienza, è da me vissuta qui e adesso nella indistruttibilità dei gesti che io pongo: di fedeltà, pace, amore, perdono, amicizia, onestà, libertà responsabile.

Sono gesti in cui, nel tempo, l'uomo supera il tempo raggiungendo l'eternità, nella misura in cui si affida alla vita e all'eternità del Crocifisso risorto che ha vinto la morte.

La risurrezione di Gesù non è soltanto ciò che ci attende dopo la morte; è un fatto pasquale presente, che si attua giorno dopo giorno in colui che crede e che spera, che soffre e che ama, che si lascia guidare dalla Parola nel quotidiano per seguire Gesù il quale, mediante la passione e la morte, compie il passaggio da questo mondo al Padre.

8.

LO STUPORE DELL'ETERNO MATTINO

Non c'è nulla di più consolante del sapere che il nostro corpo risorgerà, che la morte e la conseguente separazione dalle persone care non è la parola ultima.

Il desiderio originario

L'uomo è *humus*, viene dalla terra e ad essa ritorna. È mortale e cosciente di esserlo: questo lo rende umano.

Tuttavia torna alla terra come un seme caduto dalla pianta, va là donde era venuto come promessa di vita.

La risurrezione non è semplice rianimazione di un cadavere che riprende a vivere, mortale come prima.

È invece quella pienezza di felicità e di vita non c'è felicità senza vita a cui da sempre aspiriamo. È il compimento del nostro desiderio originale: diventare come Dio (cfr. Gen 3,5). Un desiderio purificato, ordinato e realizzato da Dio stesso in Cristo.

Tutta la cultura è una sorta di macchina tesa ad affrancarsi dai limiti. L'uomo sente dentro di sé l'ansia di affrancarsi dal limite ultimo per godere di un'esistenza libera dall'ipoteca della morte.

L'inizio della risurrezione universale

La risurrezione, centro della fede cristiana, riguarda proprio il corpo e si fonda sull'esperienza di Gesù risorto. La sua e la nostra risurrezione sono così intimamente connesse che non è vera l'una senza l'altra. La risurrezione di Gesù, infatti, è per noi; è l'inizio della risurrezione universale dei morti.

L'intera storia è vista come un travaglio che genera la creatura nuova. E la stessa creazione attende con impazienza, «geme e soffre le doglie del parto», aspettando di venire alla luce della gloria dei figli di Dio, alla redenzione del corpo (cfr. Rm 8,19-24).

Nulla a che fare con la teoria della reincarnazione che nega la risurrezione del corpo in quanto lo considera un peso da cui liberarsi.

Il mattino di Pasqua

Il mattino di Pasqua è venuto alla luce il capo, Cristo. Segue il corpo, che siamo noi. Lui è il primo che ha vissuto una vita che va oltre la morte, è il primogenito tra molti fratelli, il primogenito di coloro che risuscitano dai morti.

La risurrezione è la bellezza di Dio partecipata all'uomo e, in lui, a tutta la creazione: sono i cieli nuovi e la terra nuova contemplati da Isaia (65,17), dove tutto ha lo stupore di un perenne mattino che non conosce tramonto, di una gioia sorgiva e perenne. Finalmente l'uomo inquieto, che non trova «niente di nuovo sotto il sole», come dice Qoèlet (1,9), scopre quella novità inaudita che da tempo va cercando.

È una «visione» che supera la nostra immaginazione, ma è anche il sogno segreto del nostro cuore.

Qui e ora

Ma l'eternità, la vita nuova e definitiva è già entrata, con la morte e risurrezione di Gesù, nella mia esperienza.

È da me vissuta, qui e adesso, nell'indistruttibilità dei gesti che compio: di amore, fedeltà, perdono, amicizia, onestà, libertà responsabile. Gesti nei quali supero misteriosamente il tempo raggiungendo l'eternità nella misura in cui mi affido alla vita e all'eternità del Crocifisso risorto che ha vinto la morte.

È bello pensare che posso riscattare l'angoscia del tempo, la storia del mio corpo, con atti di dedizione che hanno un valore definitivo, depositato nella pienezza del corpo risorto di Cristo! È bello pensare che ogni parola che dico nella preghiera è un mattone lanciato nell'eternità per costruire la dimora che non ha fine.

Trasfigurati e trasformati in Dio

Non siamo certamente in grado di raffigurarci la risurrezione del nostro corpo, come non siamo capaci di rappresentarci la luce e la vita, l'intelligenza e l'amore.

Sappiamo però che da qui viene non solo ogni nostra raffigurazione, ma anche ogni realtà raffigurata. Per questo ne parliamo, come di ciò che dà senso al nostro essere uomini e donne. È la Parola che ci comunica il mistero.

Il mio corpo diventa la parola che accoglie: la terra inanimata diventa la vita del seme che da essa germina.

Cos'è la pianta se non elementi del suolo e del cielo, «informati» dal codice genetico, dalla parola vitale del seme stesso? E cos'è l'animale se non i vegetali o altro che mangia, «informati» dal suo codice particolare? E cos'è l'uomo se non quanto assimila? Ma tutto è sempre trasformato e trasfigurato: cambia forma e figura secondo il codice specifico che gli dà vita.

L'amore è il codice di vita di Dio, che comanda e informa. Se ascolto la sua Parola, vengo a poco a poco trasformato e trasfigurato in lui e, con la risurrezione del corpo, parteciperò della sua vita.

Il mio corpo non è dunque semplicemente uno strumento per ascoltare e dire la Parola: questa gli dà la sua stessa vita.

«Il Verbo si è fatto carne» (Gv 1,14)

È proprio il mio corpo terreno che riceverà quale principio vitale lo spirito di Dio, che sarà completamente compenetrato dallo Spirito Santo.

Dal momento che Cristo, la Parola eterna del Padre, si è fatto carne, la mia carne verrà divinizzata. L'evento dell'incarnazione del Figlio di Dio annuncia già che i nostri corpi mortali sono destinati a risorgere.

«Io sono la risurrezione e la vita; chi crede in me, anche se muore, vivrà; chiunque vive e crede in me, non morirà in eterno» (Gv 11,25-26).

A proposito dell'eucaristia Gesù aveva affermato: «Chi mangia la mia carne..., io lo risusciterò» (Gv 6,54).

Il racconto della trasfigurazione

Per comprendere meglio il destino del nostro corpo, vorrei anzitutto ricorrere al racconto della trasfigurazione di Gesù.

L'evangelista Luca, non sapendo in quale modo indicare la gloria del corpo di Gesù, dice che le sue vesti divennero luminose come la folgore e che la figura del suo volto «cambiò d'aspetto», divenne altro (Lc 9,29). Risplendette, cioè, di una bellezza che è «altro» rispetto a quanto noi conosciamo: era la bellezza di Dio, del Santo.

È importante sottolineare che, nel mezzo della sua vita sulla terra, il corpo di Gesù rivelò la sua gloria nascosta, riverbero anticipato di quella finale che si manifesterà nella risurrezione.

La luce divina si comunica al corpo non solo al termine del cammino; tutta la vita è un lento cammino di illuminazione progressiva, che pervade ogni giorno sempre più la nostra esistenza quotidiana.

«Ascoltate lui»

È una voce celeste che ci offre il principio di questa illuminazione: «Ascoltate lui» (Lc 9,35). Ascoltando lui, Parola fatta carne, che ha vissuto in pienezza il comando dell'amore, ogni carne partecipa della sua gloria.

Il volto del Padre, che tutti cerchiamo come luce del nostro volto e che nessuno può vedere, è quello del Figlio e di chiunque, ascoltandolo, si fa suo fratello.

«Viene l'ora, ed è questa – scrive l'evangelista Giovanni – in cui i morti udranno la voce del Figlio di Dio, e quelli che l'avranno ascoltata, vivranno» (Gv 5,25). E ancora: «Sappiamo che siamo passati dalla morte alla vita, perché amiamo i fratelli» (1Gv 3,13).

La vita eterna, che nel futuro germoglierà in pienezza, ci è già data: è la qualità di vita propria di chi ascolta la parola del Figlio e vive da fratello.

È l'esperienza vissuta anche da san Paolo, che gli fa dire: noi tutti, a viso scoperto, riflettendo come in uno specchio la bellezza di Dio, veniamo trasformati a sua immagine, di gloria in gloria (cfr. 2Cor 3,18).

Una verità che conforta

Se quando nasco ho un certo volto che ho ricevuto come in eredità, quando sono cresciuto mi ritrovo il volto che ho cercato di costruirmi. Perché il volto è la sedimentazione delle mie esperienze dolorose e gioiose, di schiavitù e di libertà, di egoismo e di amore: manifesta il buio o la luce delle parole seminate e coltivate nel mio cuore.

È un grande conforto capire che la nostra esistenza è un processo di trasfigurazione per diventare sempre più conformi all'immagine del Figlio di Dio.

9.

IL GIORNO DELLA NASCITA IN DIO

Chiamati ad avere tempo per Dio

Introducendo il racconto della risurrezione di Lazzaro, l'evangelista Giovanni ricorda una parola misteriosa di Gesù che vuole incoraggiare i suoi discepoli ad affrontare il pericolo superando la paura di salire con lui verso Gerusalemme: «Non sono forse dodici le ore del giorno? Se uno cammina di giorno, non inciampa, perché vede la luce di questo mondo; ma se cammina di notte, inciampa, perché la luce non è in lui» (Gv 11,9-10).

Il Signore conosce l'ambiguità nascosta nel tempo dell'uomo: sta a noi scegliere se vivere nella luce o nelle tenebre. Vigilare è decidere di camminare nelle ore luminose del giorno, credendo a Colui che dice: «Io sono la luce del mondo; chi segue me non camminerà nelle tenebre, ma avrà la luce della vita» (Gv 8,12).

Vigilare è seguire Gesù, scegliere ciò che Gesù ha scelto, amare ciò che lui ha amato, conformare la propria vita al modello della sua; vigilare è avere la percezione di vivere ogni attimo del tempo nell'orizzonte dell'amore con cui Dio ci ama in Gesù e vuole essere amato da noi in lui e con lui.

La speranza

Le dodici ore del giorno (Gv 11,9) sono vissute pienamente nella luce quando sono vissute nella speranza. La speranza non è soltanto l'attesa di un bene futuro arduo, ma possibile a conseguirsi; è l'anticipazione delle cose future promesse e donate dal Signore che ha avuto tempo per l'uomo, il terreno d'avvento dove il domani di Dio viene a prendere corpo nel presente degli uomini. È la sorella più piccola, come dice Péguy[1], che tiene per mano e guida verso la meta le due maggiori, la fede e la carità.

Nella speranza l'oggi si apre all'orizzonte dell'eternità e l'eternità viene a mettere le sue tende nell'oggi; grazie alla speranza, il tempo quantificato (che non ci basta mai, che è sempre troppo poco) diviene tempo qualificato, ora della grazia, tempo favorevole, oggi della salvezza, momento gustato nella pace.

La speranza è la condizione filiale (l'essere figli del Padre celeste in Gesù, che è il tutto della vita cristiana) vissuta riguardo all'avvenire: perché «noi fin d'ora siamo figli di Dio, ma ciò che saremo non è stato ancora rivelato. Sappiamo però che quando egli si sarà manifestato, noi saremo simili a lui, perché lo vedremo così come egli è» (1Gv 3,2). E la vigilanza è l'atteggiamento di chi tiene salda la speranza, non permettendo che sia insidiata la sua condizione di figlio, mantenendo la tensione del desiderio di vedere il volto del Padre e difendendola dall'afflosciarsi

[1] Charles Péguy, *Le porche du mystère de la deuxième vertu*, in *Oeuvres poétiques complètes*, Paris, Gallimard, 1957, pp. 539-540.

nel presente, dal lasciarsi imprigionare dalle banalità quotidiane.

Il «già», accolto dalla fede e vissuto nell'amore, si proietta verso il «non ancora» della promessa grazie alla speranza; speranza è perciò l'altra faccia della vigilanza, l'andare incontro consapevole, libero e desideroso a Colui che – venuto una volta – sempre nuovamente ci viene incontro, fino a che non si compiano i tempi ed Egli venga nella gloria.

Vita e morte nella luce di Cristo

Il Dio che ha fatto suoi il tempo e la morte ha dato a noi la sua vita, nel tempo e per l'eternità. La Pasqua del Signore rivela la solidarietà del Dio vivente alla nostra condizione di abitatori del tempo, e insieme ci dà la garanzia di essere chiamati a divenire gli abitatori dell'eternità. Nella risurrezione di Cristo ci è promessa la vita, così come nella sua morte ci era assicurata la vicinanza fedele di Dio al dolore e alla morte. La Pasqua è l'evento divino nel quale ci è rivelata e promessa la destinazione del tempo al suo felice compimento nella comunione in Dio.

Lo spazio temporale che sta tra l'ascensione e il ritorno di Cristo nella gloria appare così come un estendersi del mistero pasquale all'intera vicenda umana; nella sofferenza e nella morte, che ancora caratterizzano la nostra storia, si fa presente la sofferenza della croce, perché la vita del Risorto sia pregustata da chi con Cristo percorre il suo esodo pasquale. L'intera vita del cristiano è un pellegrinaggio di morte e risurrezione continua, vissute con Cristo e in Cristo nello Spirito, portando anzi Cristo in noi, «speranza della gloria» (Col 1,27).

Vigilare è accettare il continuo morire e risorgere quale legge della vita cristiana; le condizioni della vigilanza evangelica non sono dunque la stasi o la nostalgia, bensì la perenne novità di vita e l'alleanza celebrata sempre nuovamente col Signore Gesù che è venuto e che viene.

Nella luce dell'evento pasquale si coglie allora il pieno significato cristiano della morte fisica, ultima vicenda visibile della nostra esistenza. La morte è evento pasquale, segnato contemporaneamente dall'abbandono e dalla comunione col Crocifisso risorto. Come Gesù abbandonato sulla croce, ogni morente sperimenta la solitudine dell'istante supremo e la lacerazione dolorosa; si muore soli! Tuttavia, come Gesù, chi muore in Dio si sa accolto dalle braccia del Padre che, nello Spirito, colma l'abisso della distanza e fa nascere l'eterna comunione della vita.

Perciò, per la grande tradizione cristiana, la morte è *dies natalis*, giorno della nascita in Dio, dell'uscire dal grembo oscuro della Trinità creatrice e redentrice, per contemplare svelatamente il volto di Dio, in unione col Figlio, nel vincolo dello Spirito Santo.

Gli altri «novissimi» alla luce della Pasqua

Tutto ciò che segue alla morte viene letto dalla fede nella luce dell'evento pasquale di Gesù.

• Il giudizio è l'incontro con lui che raggiunge la persona col suo sguardo penetrante e creatore e la porta alla piena conoscenza della verità su se stessa davanti all'eterna verità di Dio. La sua vigilante anticipazione avviene nel confronto della coscienza con la Parola, nella celebrazione del sacramento, in particolare della Riconciliazione, nell'incontro con il fratello bisognoso di aiuto.

• L'inferno è la condizione insopportabilmente dolorosa della separazione da Cristo, dell'esclusione eterna dal dialogo dell'amore divino; possibilità tragica e però necessaria se si vuol prendere sul serio la libertà che Dio ha dato all'uomo di accettarlo o di rifiutarlo. L'inferno, in quanto possibilità radicale, evidenzia la dignità suprema della vita umana, il valore sommo della vigilanza e la tragicità del male; proprio per questo e in tutto questo evidenzia l'amore del Dio che, creandoci senza di noi, non ci salverà senza di noi. Egli, infatti, che ci ha amato quando ancora eravamo peccatori, rimarrà separato da noi solo se noi ci ostineremo nell'essere separati da lui.

• Il purgatorio è lo spazio della vigilanza esteso misericordiosamente e misteriosamente al tempo dopo la morte; è un partecipare alla passione di Cristo per l'ultima purificazione che consentirà di entrare con lui nella gloria. La fede nel Dio che ha fatto sua la nostra storia è il vero fondamento del credere a una storia ancora possibile al di là della morte, per chi non è cresciuto quanto avrebbe potuto e dovuto nella conoscenza di Gesù.

L'anticipazione di tale spazio è il tempo dedicato alla cura della finezza dello spirito che si nutre di sobrietà, di distacco, di onestà intellettuale, di frequenti esami di coscienza, di trasparenza del cuore, di unificazione della vita sotto la regia della sapienza evangelica: come pure dell'ascesi e della purificazione necessarie per fortificarci nella tentazione, scioglierci dall'inerzia delle nostre colpe e liberarci dall'opacità delle nostre abitudini cattive.

• Il paradiso è l'essere eternamente col Signore, nella beatitudine dell'amore senza fine: «Oggi con me sarai nel paradiso» (Lc 23,43). La parola del Crocifisso al ladrone pentito è la rivelazione di ciò che il paradiso è: un «essere con Cristo», un vivere eternamente in lui il dialogo dell'amore col Padre nello Spirito Santo.

Questa relazione con il Signore, di una ricchezza per noi inimmaginabile, è il principio essenziale, il fondamento stesso di ogni beatitudine dell'esistere. La vigilanza si esercita nell'anticipazione della gioia dell'incontro con il Signore e nella letizia della comunione fraterna vissuta con tutti coloro che ne condividono il desiderio.

La figura di tale anticipazione è così profonda e delicata da farci comprendere l'importanza della vita contemplativa, pur se la sostanza dell'anticipazione appartiene a ogni vita di fede, sollecitata a diventare esperienza vissuta nella confidenza con il Signore e nella fiducia della sua tenera cura. La spiritualità del Cantico dei Cantici – lo insegna una tradizione spirituale costante e sempre rinnovata del cristianesimo – è dunque una dimensione vitale della nostra relazione quotidiana con Dio; è il tempo dell'innamoramento, destinato a consumarsi nell'esuberanza dell'amore, da coltivare, custodire, impreziosire nell'intimità di un dialogo che raggiunge le fibre più sensibili del nostro essere.

Infine, nella luce della risurrezione di Gesù possiamo intuire qualcosa di ciò che sarà la risurrezione della carne. In essa l'essere con Cristo si estenderà ad abbracciare la pienezza della persona e la globalità dell'esperienza umana anche nella sua dimensione corporea, così come la risurrezione del Crocifisso nella carne ha portato nella vita eterna la carne del nostro tempo mortale, fatta propria dal Figlio di Dio.

L'anticipazione vigilante della risurrezione finale è in ogni bellezza, in ogni letizia, in ogni profondità della gioia che raggiunge anche il corpo e le cose, condotte alla loro destinazione propria, che è quella delle opere dell'amore.

Non dobbiamo dimenticare che il cristianesimo, con alterne vicende, ha condotto una dura battaglia per respingere l'impulso al disprezzo del corpo e della materia in favore di una malintesa esaltazione dell'anima e dello spirito. L'esaltazione dello spirito nel disprezzo del corpo, come l'esaltazione del corpo nel disprezzo dello spirito, sono di fatto il seme maligno di una divisione dell'uomo che la grazia incoraggia a combattere e a sconfiggere.

La vigilanza consiste nell'esercizio quotidiano dei sensi spirituali, ossia degli stessi sentimenti che furono di Gesù, nella coltivazione della sapienza evangelica che unifica l'esperienza e ci consente di apprezzare i legami fini e profondi del corpo con lo spirito. In tal modo possiamo custodire fin d'ora, in attesa che si compia la promessa della risurrezione della carne, il piacere della libertà del corpo da tutto ciò che è falso e ottuso, laido e volgare, avido e violento.

La fede nella risurrezione finale ci aiuta quindi a valorizzare e amare il tempo presente e la terra. La vigilanza cristiana, illuminata dall'orizzonte ultimo, non è fuga dal mondo, bensì capacità dl vivere la fedeltà alla terra e al tempo presente nella fedeltà al cielo e al mondo che deve venire. Nella luce della Pasqua, i novissimi – morte, giudizio, inferno, purgatorio, paradiso e risurrezione finale della carne – sono tutte forme dell'essere con Cristo, che è promesso e donato all'abitatore del tempo e si configura a seconda del rapporto che, nella vigilanza o nel rifiuto, si stabilisce tra ogni persona umana e il Signore Gesù.

10.

IL SIGNORE STA ALLA PORTA

Delle cose ultime non abbiamo una diretta esperienza. Ne parliamo mediante simboli, parabole, proiezioni che partono dal nostro vissuto di fede e di esperienza, consci di non saper dire adeguatamente ciò che le parole della fede ci fanno intuire. Di fronte a realtà che tanto ci sovrastano e insieme tanto ci urgono, il linguaggio più evocativo, che più ci introduce dentro le realtà indicibili, è il linguaggio della preghiera. Non soltanto la preghiera come parole umane rivolte a Dio (perché i singoli vocaboli sono allora sempre gravati dell'ipoteca dell'analogia e della legge del simbolo), bensì la preghiera come volo del cuore, portato dallo Spirito verso le cose di Dio.

Per dare stimolo a tale esercizio offro un'ampia proposta di testi da pregare; quattordici bozze o tracce, quasi quattordici stazioni di una «via lucis» o «via aeternitatis», che si possono percorrere o di seguito o in ordine sparso, scegliendo l'una o l'altra secondo l'inclinazione dello spirito. Sono solo un esempio e quasi un trampolino per slanciarsi verso un «cuore a cuore» col Dio della promessa eterna, che ci faccia gustare qualcosa dell'indicibile e ci innamori delle realtà che già ci sollecitano e che un giorno contempleremo a viso scoperto.

La proposta ha la forma di una «preghiera-esame di coscienza sul tempo» e sulle diverse vicende che ci fanno passare dal nostro tempo al tempo senza tempo. Frutto della preghiera sarà il vivere con amore e pace il breve tempo terreno.

La figliolanza

Io so, Padre,
che il mio tempo è prezioso ai tuoi occhi
perché ti sono figlio.
Un figlio voluto con amore,
teneramente concepito e pensato
da un tempo immemorabile
dato alla luce e chiamato per nome
con giubilo festoso.

Un figlio con ogni cura seguito,
anche quando è affidato
ad altre mani premurose.
Un figlio cercato in ogni abbandono,
anche quando per sua iniziativa
si è perduto.
Un figlio generosamente consegnato
alla libertà
e alla responsabilità
che lo rendono uomo e donna.

L'elezione

Io so, Padre,
che il tempo che tu mi dai è un dono sincero
e che diventa a tutti gli effetti il mio tempo.
Piccola traccia, ma indelebile e irripetibile,
di un'esistenza personale
che attraversa la vita del mondo:
tu la riconosci tra mille
col tuo sguardo infinitamente limpido
e profondo.

Per quanto piccola, labile e leggera sia
la linea del tempo
che la mia traccia percorre,
solido e indistruttibile è il valore
di cui è segno fin dal primo istante;
pura l'intenzione che vi si esprime;
indefettibili il vincolo e la promessa
che l'accompagnano.

In ogni istante del tempo il dono si rinnova;
e con esso la certezza che,
anche se tutti mi abbandonassero,
sono desiderato almeno da te,
sono sommamente importante almeno per te.

La tentazione e il peccato

Tu sai bene, mio Dio,
che spesso gli eventi del tempo
allontanano da te.
Eventi a volte difficili
e al limite delle mie capacità di volere
e di intendere.
Quando la durezza degli accadimenti
mi turba,
quando la tua apparente distanza
mi ferisce e mi svuota,
allora le forze mi abbandonano
e la speranza si indebolisce
fino a venire meno.

In quei momenti sono molto fragile
ed esposto alla tentazione
la tentazione di cedere
all'angoscia del tempo che mi sfugge,
dove l'immagine di una fine
che incombe inesorabile
prevale su quella del compimento
che si avvicina.

Invece di affrontarla e di vincerla,
sono tentato di rimuovere l'angoscia
con l'ossessiva cura del mio corpo,
con la fuga dalla povertà
e dalla malattia dell'altro,
con lo stordimento dei sensi
e l'indurimento del cuore.
Non vedo più nulla
alle spalle della mia nascita,
nulla di decisivo nella vita
e non scorgo più nulla oltre la mia morte.

Il risentimento

Tu sai bene, mio Dio,
che questa angoscia dipende
anche dal timore
di perdere il bene che ho ricevuto
e talora donato.
La gravità del mio smarrimento
deriva pur sempre dal sospetto
che tu non abbia tempo per me;
che non ci sia affatto un tempo infinito
nel quale desideri accogliermi.

Tutto ciò mi rende incerto
sul tempo che ora mi dedichi
e infine dubbioso sulla qualità
del dono ricevuto.
Il risentimento, accovacciato alla mia porta,
oscura i segni della tua benedizione
e della tua promessa.
Mi sento addirittura minacciato
e perseguitato dallo sguardo
che mi rivolgi.

La prospettiva della tua venuta
si associa all'immagine della sventura,
e ti sento bussare alla mia porta
con i colpi grevi e duri
della morte annunciata.

Riconosco la mia colpa

Tu sai bene; mio Signore e mio Dio,
che allora, diffidando di te,
incomincio a dissipare il tempo che mi doni
in ciò che vale di meno dell'amore autentico
e dura più poco della vita.
Il mio tempo si fa frenetico e vuoto,
divento avaro del tempo che mi dai per altri
e spreco il tempo che tu trovi per me.
Il mio sguardo diventa piccolo ed egoista,
freddo e calcolatore.
Anche quando resisto, magari per viltà,
alle colpe più gravi,
rendo più greve il tempo della vita umana
con la premeditata grettezza

del mio modo di sentire:
e perfino di credere, di sperare;
di volere bene.
Le scelte sono così regolate
più dalla convenienza
che non dalla scoperta della tua dedizione.
E lasciano ampio varco
per quella quota di arroganza,
di arrivismo, di ipocrisia,
che mi consentono di spremere
al tempo che mi è dato
tutto il benessere che mi è possibile.

Pentimento

Tu sai mio Dio,
che sono debole e impreparato
al buon uso del tempo.
Non ti fidare troppo della mia resistenza
alla tentazione,
non mi lasciare a lungo esposto nella prova.

Perché io voglio sinceramente
benedire il tuo Nome,
desidero realmente entrare nel tuo Regno,
sono certo che la tua volontà
è il compimento del mio bene.
Credo con tutto il cuore
che tu custodisci le cose buone
per le quali riesco a trovare il tempo,
affinché non vadano perdute.
E che sei pronto a sciogliermi
dal tempo che ho perduto
nel momento stesso in cui riesco
a vincere la mia paura
e a confessare la mia colpa.

Quando io ti rendo disponibile
il tempo che mi affidi;
e lo arrischio per venire in soccorso
della mancanza del mio fratello,
io so che il mio tempo si arricchisce
fino a cento volte, fin d'ora:
e molto mi viene perdonato.

E quando infine riconosco
la stupidità della mia colpa,
e mi rivolgo contrito a te, Padre,
non incontro l'ombra del tuo risentimento,
ma soltanto la tenacia della tua fedeltà.
Scopro che il mio tempo perduto
fu per te il tempo dell'attesa
e il tempo insperabilmente ritrovato
è subito il tempo della festa.

La giustizia di Dio

In verità, Signore,
l'evangelo della giustizia di Dio
è il mio sostegno e la mia consolazione.
La mia incredulità teme il tuo giudizio,
ma la fede che tu mi doni
nel tuo amore per me
scioglie nella speranza
ogni angoscia dell'anima.
La certezza che tu solo abbia l'ultima parola

sulle vere inclinazioni del mio cuore
mi conforta.
La limpidezza del tuo sguardo
mi tranquillizza, la comprensione della tua mente
mi rassicura,
l'umanità della tua condivisione mi dà pace.

È bello pensare
che, in fondo a questa parabola
di iniziazione alla vita eterna
che tu mi hai destinato,
il tuo sguardo infallibile e sicuro
farà lievitare la coscienza
fino alla sua verità infinita
rendendola per noi accessibile in ogni direzione,
e consentendoci di capire,
di apprezzare il valore di ogni gesto,
di ogni parola, di ogni simbolo,
di ogni affetto, di ogni legame.

Il giudizio

Veramente, Signore,
il tuo giudizio ci libera dal peso
di ogni insuperabile fraintendimento,
di ogni parziale apprezzamento,
di ogni limitata prospettiva.
Nessuno, nemmeno le persone
che più ci hanno amato,
possono riconciliarci fino in fondo
con la verità del nostro cuore.
Neppure alle persone che più amiamo,
noi stessi possiamo assicurare la gioia
di una perfetta comprensione,
di un totale apprezzamento.

Ma il segno splendente del tuo amore
è infine il gesto che conferisce
al nostro ingresso nel tempo infinito
della vita
la forma della scelta,
pur sollevandoci dal peso insopportabile

di doverci pronunciare
con perfetta padronanza
sulla verità delle cose
e sull'assoluta differenza del bene e del male.
Così la dignità dell'esistenza
che tu ci hai destinato
è custodita intatta
e l'ossessione dell'umano pregiudizio
di una debolezza senza scampo
è per sempre allontanata.

Nessuno è condannato
alla propria debolezza,
né alcuno è premiato
dall'astuzia della sua prevaricazione,
come avviene tra gli uomini.

Purgatorio

Tu sai, Signore e Padre mio,
che voglio abbandonare a te la mia vita

e la mia morte, come Gesù.
Ma tu sei la purezza assoluta,
la luce che illumina
ogni angolo oscuro del mio cuore,
ogni angolo che non si apre a te
nella vigilanza,
che resta prigioniero
del tempo e della frustrazione.

Così, dopo la morte, mi darai ancora
qualche altro misterioso tempo
diverso da quello terreno
per realizzare in me, pienamente,
il nome nuovo che da sempre mi hai dato
la condizione di figlio
che sola mi permetterà
di chiamarti guardandoti negli occhi
«Padre».

Vado incontro con pace
a questo tempo di purificazione,
senza angoscia sapendo che mi ami,

nell'unico desiderio di presentarmi a te
con la veste bianca delle nozze.
Ci vado incontro con sollievo
perché esso mi libera dall'ossessione
di una perfezione assoluta
rimettendo tutto me stesso
e quel poco che ho fatto
e il molto che non ho fatto
al tuo amore purificatore.

—

Inferno

Davvero, mio Signore,
non mi è possibile pensare
ad alcuna buona ragione
per respingere il tuo Vangelo.
Non riesco a vedere un tempo più perduto
di quello che impiego per resistergli.
I segni della sua Verità sono semplici;
trasparenti, alla portata di tutti:
i ciechi vedono, gli zoppi camminano,

i prigionieri sono sciolti,
per i peccatori c'è riscatto,
ai poveri viene comunicata
una buona notizia.

Non riesco a immaginare nessuno
che possa sentirsi escluso:
per quanto ferita, sbagliata,
marginale possa apparire
la sua vita ai suoi stessi occhi.
A meno che esista un essere umano che,
fino all'ultimo, resista con violenza
alla sola idea
che tu abbia un tempo anche per l'altro
che egli non ama,
che si opponga fieramente all'eventualità
di dover condividere i beni della vita
con coloro che tu chiami all'esistenza,
che ritenga che in te non c'è riscatto,
redenzione, perdono.

A meno che un uomo o una donna

non intendano in alcun modo
farsi persuadere
dall'icona del Figlio, innocente e ucciso
e ne traggano argomento
di sfida indirizzata allo Spirito
contro ogni possibilità dì dimostrare
in qualche luogo e in qualche tempo
la radicale differenza del bene e del male.
Prospettiva terribile sopra ogni altra,
questa;
perché nella coscienza
che si lasci plasmare da tale peccato
ogni varco si chiude e ogni tempo è perduto.

Mi rendo conto che c'è qualcosa di terribile
nelle conseguenze di una tale intolleranza
e incredulità.
Ogni giorno tuttavia scorgo
i segni drammatici
di questa spirale perversa:
nell'avidità che requisisce
i beni della terra,

abusa del potere e della ricchezza
e in molti modi condanna a morte
l'altro uomo
con pretestuose ragioni.
Ragioni e pretesti che essa trae,
per giustificarsi,
da ogni dove:
dalla storia e dalla scienza,
dalla politica e dall'economia,
dalle filosofie e dalle religioni.
Ragioni e pretesti
che sono come pietre tombali
per chiudere il cuore
dentro un sepolcro di solitudine.

Signore che io non resti confuso in eterno.

Io so, mio Dio,
che la tua giustizia è il principio stesso
della differenza radicale tra bene e male
e la sua ferma custodia è
a protezione e riscatto

di ogni amore ferito,
di ogni debolezza sopraffatta.
Il tuo tempo, Signore,
è il tempo in cui
la differenza del bene e del male,
del santo e del laido,
del bello e dell'orribile,
si afferma a favore dell'uomo.
Ogni tempo esercitato nella sua negazione
è invece estraneo alla tua giustizia,
così come al compimento
del nostro desiderio.
Esso è destinato a rimanere,
nello spirito e nella carne,
il tempo duramente trafitto
da un desiderio bruciante
che rimane separato
dal proprio compimento.

In esso è infinitamente
rappresentata e ripetuta
proprio la figura della morte

che ci fa più paura;
quella che le Scritture chiamano
«seconda morte».
E il tempo di un'esistenza
«infinitamente perduta»
che non va augurata a nessuno.

Salvaci, Signore, dalla seconda morte!

La speranza

Spirito benedetto e santo,
io so che tu accogli
il gemito di ogni creatura
resistendo a ogni falsa sapienza,
a ogni prevaricazione delle potenze.
So che la tua premurosa ispirazione
ci persuade alla speranza
e la tua splendida energia
ci solleva da ogni prostrazione.
Il mio cuore esulta pensando

che la dignità dell'uomo
e la bellezza del mondo
sono oggetto della tua ostinata fedeltà
e della tua inesauribile cura.
Io confido
nella forza della tua protezione
e con ogni timore e tremore
spero nella potenza del tuo riscatto
per il tempo dell'uomo e della donna.
Io ho imparato da te
che un tempo libero dal male
e protetto dal maligno
è reso accessibile per ognuno
soltanto dall'amore
e dalla fedeltà che lo accompagna.
La qualità della vita che vi si schiude
è decisa dall'apertura del cuore
alla tua sapienza.
So che questo tempo è vicino, è qui.

Già ora esso preme
affettuosamente su di noi

nella contemplazione dei tuoi segni:
nell'esultanza che accompagna
ogni sconfitta del male,
nella fermezza che vince la prevaricazione,
nella tenerezza che si prende cura
di ogni debolezza.
Nell'esperienza del Figlio crocifisso
che si ripete per tutti coloro
che sono perseguitati
a causa della giustizia
e nella certezza del Risorto
che si tramanda
mediante l'opera dei discepoli
che edificano la Chiesa,
io ne ricevo una conferma decisiva.

La moltiplicazione del male non ha futuro,
la mediocrità interessata non ha speranza
di poter prolungare la sua sopravvivenza
a spese dei puri di cuore,
degli operatori di pace,
degli appassionati per la giustizia;

e con essa, ogni egoismo religioso
chiuso nel proprio privilegio,
ogni parassitismo economico
chiuso nel proprio benessere,
ogni calcolo politico
chiuso nel proprio dominio.
Tutto ciò deve essere consumato
nel fuoco dell'ira di Dio
nell'incandescente purezza
dell'amore crocifisso di Gesù.

Io so, Signore,
che il popolo delle beatitudini
e la schiera dei testimoni fedeli
saranno infine risarciti
dal tempo delle lacrime,
e tu sarai tutto in tutti
nella pienezza del Regno.

La morte corporale

Riconosco, Signore,
che la durata della mia condizione mortale
è gravata dalla maligna separazione
che nell'incredulità si produce
tra il nostro tempo e il tuo.
E so che questa separazione si riflette
nell'angoscia in cui trascorre il tempo
che ciascuno di noi
cerca di aver soltanto per se stesso.
La malinconia del tempo
inesorabilmente passato
è figlia dell'incredulità
e madre della disperazione.

La morte si presenta allora e solo allora
come una dimostrazione
dell'inutilità del tempo dell'amore.
I colpi con cui il dolore
percuote l'uscio di casa
diventano i segni

di un destino implacabile
che assegna alla morte l'ultima parola.
La nostalgia del tempo perduto
si trasforma in una malattia
che rende cronica
la perdita di ogni senso del tempo.

Ma tu stai alla mia porta

Ma se io, Signore,
tendo l'orecchio
e imparo a discernere i segni dei tempi,
distintamente odo i segnali
della tua rassicurante presenza
alla mia porta.
E quando ti apro e ti accolgo
come ospite gradito nella mia casa,
il tempo che passiamo insieme mi rinfranca.
Alla tua mensa divido con te
il pane della tenerezza e della forza,
il vino della letizia e del sacrificio,

la parola della sapienza e della promessa,
la preghiera del ringraziamento
e dell'abbandono nelle mani del Padre.

E ritorno alla fatica del vivere
con indistruttibile pace.
Il tempo che è passato con te
sia che mangiamo sia che beviamo
è sottratto alla morte.
Adesso,
anche se è lei a bussare,
io so che sarai tu a entrare;
il tempo della morte è finito.
Abbiamo tutto il tempo che vogliamo
per esplorare danzando
le iridescenti tracce
della Sapienza dei mondi.
E infiniti sguardi d'intesa
per assaporarne la Bellezza.

Il ritorno di Gesù

Gesù, tu che sei venuto nel mondo
nascendo dalla Vergine Maria,
tu che vieni a ogni istante nella mia vita
e nella vita di ciascun uomo
e di ciascuna donna,
tu che busserai amichevolmente
alla mia porta
anche nel momento della morte,
un giorno ritornerai
per porre fine a questo tempo
che siamo chiamati a vivere
come dono prezioso di Dio,
anticipo e preludio
della benedizione eterna.

Fa' che possiamo desiderare
il giorno del tuo ritorno,
quando la finitezza della creazione
lascerà il posto a nuovi cieli e nuova terra
e saremo tutti insieme

nell'infinita beatitudine
della Trinità santa.
Per sempre. Amen.

Cronologia essenziale della vita

1927 15 febbraio. Nasce a Torino.

1944 25 settembre. Conseguita la maturità classica, entra nella Compagnia di Gesù, dove compie gli studi di filosofia (all'Aloisianum di Gallarate) e di teologia (alla Facoltà teologica dei padri gesuiti di Chieri).

1952 13 luglio. Viene ordinato sacerdote a Chieri.

1958 Consegue la laurea in teologia fondamentale alla Pontificia Università Gregoriana, con una tesi dal titolo: *Il problema storico della Risurrezione nei teologi recenti*.

1962 Pronuncia la solenne professione religiosa (2 febbraio). Inizia gli studi di Sacra Scrittura al Pontificio Istituto Biblico e contemporaneamente insegna teologia a Chieri.

1966 Consegue la laurea in Sacra Scrittura al Pontificio Istituto Biblico, con una tesi dal titolo: *Il problema della recensionalità del Codice B alla luce del papiro Bodmer XIV*. Nello stesso anno gli viene assegnata la cattedra di critica testuale.

1969 Viene nominato (29 settembre) rettore del Pontificio Istituto Biblico: ruolo che ricopre fino al 1978, quando è chiamato alla guida della Pontificia Università Gregoriana (18 luglio).

1979 29 dicembre. Viene eletto arcivescovo di Milano.

1980 È consacrato vescovo in San Pietro (6 gennaio). Fa il suo ingresso ufficiale nella diocesi di Milano (10 febbraio).

1983 2 febbraio. Viene creato cardinale con il titolo di Santa Cecilia.

1984-1985 Presiede il Comitato organizzatore del Convegno ecclesiale di Loreto.

1987-1993 Presiede il Consiglio delle Conferenze episcopali europee.

1993 Convoca (4 novembre) il 47° Sinodo diocesano di Milano, che si chiude il 1° febbraio 1995.

1995 1° febbraio. Presenta le dimissioni al Papa, che vengono però respinte.

2002 15 febbraio. Al compimento dei 75 anni, in conformità al Codice di diritto canonico, presenta le dimissioni.
11 luglio. Viene nominato il suo successore, il card. Dionigi Tettamanzi, che prenderà possesso dell'arcidiocesi il 14 settembre facendovi ingresso il 29 dello stesso mese.

2003 Si stabilisce a Gerusalemme, conducendo vita di preghiera e di studio.

2007 15 febbraio. Compie ottant'anni.

2008 Per ragioni di salute rientra in Italia da Gerusalemme, stabilendosi all'Aloisianum di Gallarate.

2012 31 agosto. Si spegne dopo una lunga malattia.

Elenco delle fonti

1. *Cammini laicali*, Milano-Casale Monferrato, Centro Ambrosiano-Piemme, 1992.
2. *Ritorno al Padre di tutti*, Milano, Centro Ambrosiano, 1998, pp. 15-26.
3. *Sia pace sulle tue mura*, Bologna, EDB, 1984, pp. 111-117.
4. *Sto alla porta*, Milano, Centro Ambrosiano, 1992, pp. 48-52.
5. *La trasformazione di Cristo e del cristiano alla luce del Tabor*, Milano, Rizzoli, 2004, pp. 165-172.
6. *Quale bellezza salverà il mondo?*, Milano, Centro Ambrosiano, 1999, pp. 29-38.
7. *Ritrovare se stessi*, Casale Monferrato, Piemme, 1996, pp. 216-229.
8. *Sul corpo*, Milano, Centro Ambrosiano, 2000, pp. 113-122.
9. *Sto alla porta*, Milano, Centro Ambrosiano, 1992, pp. 33-40.
10. *Sto alla porta*, Milano, Centro Ambrosiano, 1992, pp. 104-117.

Nota bibliografica

Per una dettagliata rassegna di opere e saggi si rimanda alla «Bibliografia», a cura di Damiano Modena e Virginio Pontiggia, contenuta in: Carlo Maria Martini, *Le ragioni del credere. Scritti e interventi*, a cura di Damiano Modena e Virginio Pontiggia, con saggi introduttivi di Ferruccio Parazzoli e Marco Garzonio, Milano, Mondadori, 2011, pp. 1761-1814. Qui ci limitiamo a indicare, in ordine cronologico di pubblicazione, le principali edizioni e i più importanti saggi in volume, aggiornandoli per le ristampe all'ultima edizione conosciuta.

1. Principali edizioni

a) Opere complessive

La Parola che ci fa Chiesa. Lettere e discorsi alla diocesi. 1980-1981, Bologna, EDB, 1981.

La Parola nella città. Lettere e discorsi alla diocesi. 1981-1982, Bologna, EDB, 1982.

Un popolo, una terra, una Chiesa. Lettere alla diocesi e discorsi. 1982-1983, Bologna, EDB, 1983.

Sia pace sulle tue mura. Discorsi, lettere, omelie. 1983-1984, Bologna, EDB, 1984.

Città senza mura. Lettere e discorsi alla diocesi. 1984, Bologna, EDB, 1985.

Per una santità di popolo. Lettere, discorsi e interventi. 1985, Bologna, EDB, 1986.

Farsi prossimo nella città. Lettere, discorsi e interventi. 1986, Bologna, EDB, 1987.

Interiorità e futuro. Lettere, discorsi, interventi. 1987, Bologna, EDB, 1988.

Etica, politica, conversione. Lettere, discorsi, interventi. 1988, Bologna, EDB, 1989.

Pace, giustizia, Europa. Lettere, discorsi, interventi. 1989, Bologna, EDB, 1990.

Educare alla solidarietà sociale e politica. Discorsi, interventi e messaggi. 1980-1990. A cura delle Acli milanesi, Bologna, EDB, 1990.

Programmi pastorali diocesani. 1980-1990, Bologna, EDB, 1990.

Comunicare nella Chiesa e nella società. Lettere, discorsi, interventi. 1990, Bologna, EDB, 1991.

Cammini di libertà. Lettere, discorsi, interventi. 1991, Bologna, EDB, 1992.

Vigilare. Lettere, discorsi e interventi. 1992, Bologna, EDB, 1993.

Per una Chiesa che serve. Lettere, discorsi e interventi. 1993, Bologna, EDB, 1994.

Guardando al futuro. Lettere, discorsi e interventi. 1994, Bologna, EDB, 1995.

Ripartire da Dio. Lettere, discorsi e interventi. 1995, Bologna, EDB, 1996.

Parlare al cuore. Lettere, discorsi e interventi. 1996, Bologna, EDB, 1997.

L'amico importuno. Lettere, discorsi e interventi. 1997, Bologna, EDB, 1998.

Il Padre di tutti. Lettere, discorsi e interventi. 1998, Bologna, EDB, 1999.

Coraggio, non temete! Lettere, discorsi e interventi. 1999, Bologna, EDB, 2000.

Nel sabato del tempo. Discorsi, interventi, lettere e omelie. 2000, Bologna, EDB, 2001.

Ricominciare dalla Parola. Discorsi, interventi, lettere e omelie. 2001, Bologna, EDB, 2002.

Perché il sale non perda il sapore. Discorsi, interventi, lettere e omelie. 2002, Bologna, EDB, 2003.

Parola alla Chiesa, parola alla città [Lettere pastorali e Discorsi], Bologna, EDB, 2002.

Le ragioni del credere. Scritti e interventi, a cura di Damiano Modena e Virginio Pontiggia, con saggi introduttivi di Ferruccio Parazzoli e Marco Garzonio, Milano, Mondadori, 2011.

Invocare il Padre. Preghiere, Bologna, EDB, 2012.

b) Lettere pastorali

La dimensione contemplativa della vita [Anno pastorale 1980-1981], Milano, Centro ambrosiano di documentazione e studi religiosi,1980.

In principio la Parola [Anno pastorale 1981-1982], Milano, Centro ambrosiano di documentazione e studi religiosi, 1981.

«Attirerò tutti a me» [Anno pastorale 1982-1983], Milano, Centro ambrosiano di documentazione e studi religiosi, 1982.

Partenza da Emmaus [Anno pastorale 1983-1984], Milano, Centro ambrosiano di documentazione e studi religiosi, 1983.

Farsi prossimo [Anno pastorale 1985-1986], Milano, Centro ambrosiano di documentazione e studi religiosi, 1985.

Dio educa il suo popolo [Anni pastorali 1987-1989], Milano, Centro ambrosiano di documentazione e studi religiosi, 1987.

Itinerari educativi [Anni pastorali 1987-1989], Milano, Centro ambrosiano di documentazione e studi religiosi, 1988.

Educare ancora [Anno pastorale 1989-1990], Milano, Centro ambrosiano di documentazione e studi religiosi, 1989.

Effatà apriti! [Anno pastorale 1990-1991], Milano, Centro ambrosiano di documentazione e studi religiosi, 1990.

Il lembo del mantello [Anno pastorale 1991-1992], Milano, Centro ambrosiano di documentazione e studi religiosi, 1991.

Sto alla porta [Anno pastorale 1992-1993], Milano, Centro ambrosiano di documentazione e studi religiosi, 1992.

Ripartiamo da Dio! [Anno pastorale 1995-1996], Milano, Centro ambrosiano di documentazione e studi religiosi, 1995.

Parlo al tuo cuore [Anno pastorale 1996-1997], Milano, Centro ambrosiano di documentazione e studi religiosi, 1996.

Tre racconti dello Spirito [Anno pastorale 1997-1998], Milano, Centro ambrosiano di documentazione e studi religiosi, 1997.

Ritorno al Padre di tutti [Anno pastorale 1998-1999], Milano, Centro ambrosiano di documentazione e studi religiosi, 1998.

Quale bellezza salverà il mondo? [Anno pastorale 1999-2000], Milano, Centro ambrosiano di documentazione e studi religiosi, 1999.

La Madonna del sabato santo [Anno pastorale 2000-2001], Milano, Centro ambrosiano di documentazione e studi religiosi, 2000.

«Sulla tua parola» [Anno pastorale 2001-2002], Milano, Centro ambrosiano di documentazione e studi religiosi, 2001.

c) Novità e ristampe (dal 2004)

Itinerario di preghiera con l'evangelista Luca, Milano, Paoline, 2004.

Non è giustizia. La colpa, il carcere e la Parola di Dio, Milano, Mondadori, 2004.

Per un amore missionario, sponsale e fecondo, Milano, Centro ambrosiano di documentazione e studi religiosi, 2004.

La preghiera e la vita, Milano, In dialogo, 2004.

Il vangelo per la tua libertà, Milano, Ancora, 2004.

Verso Gerusalemme, Milano, Feltrinelli, 2004.

Briciole dalla tavola della parola, Casale Monferrato, Piemme, 2005.

Il brivido santo della vostra fede. A cura di Gianfranco Barbieri, Milano-Leumann, Centro ambrosiano di documentazione e studi religiosi-ElleDiCi, 2005.

Le confessioni di Pietro, Casale Monferrato, Piemme, 2005.

La donna della conciliazione, Casale Monferrato, Piemme, 2005.

Non sprecate parole, Casale Monferrato, Portalupi, 2005.

Il segreto delle prima lettera di Pietro, Casale Monferrato, Piemme, 2005.

Parole sulla Chiesa, Casale Monferrato, Piemme, 2005.

Vedere il mondo con gli occhi di Dio. A cura di Luca Diliberto, Milano, In dialogo, 2005.

Vita di Mosè, vita di Gesù, esistenza pasquale. A cura di Pino Stancari, Roma, Borla, 2005.

La bellezza che salva, Milano, In dialogo, 2006.

Gli esercizi ignaziani alla luce del vangelo di Matteo, Roma, AdP, 2006.

Il mio Novecento [Testo tratto dall'omonima trasmissione di RAI 3, a cura di Luigi Bizzarri e Nicola Vicenti], Milano, Centro ambrosiano di documentazione e studi religiosi, 2006.

Conoscersi, decidersi, giocarsi. Gli incontri dell'ora undecima, Roma, AdP, 2007.

Gli esercizi ignaziani alla luce del vangelo di Luca, Roma, AdP, 2007.

Felice chi crede, Milano, Paoline, 2007.

Servitori della nuova alleanza, Roma, Centro volontari della sofferenza, 2007.

Il vangelo di Paolo, Milano, Ancora, 2007.

Via Crucis, Milano, Ancora, 2007.

Celebriamo la fede in famiglia, Assisi, Cittadella, 2008.

Il discorso della montagna, Milano, Mondadori, 2008.

Paolo VI, uomo spirituale. Discorsi e scritti. 1983-2008. Introduzione e note a cura di Marco Vergottini, Brescia-Roma, Istituto Paolo VI-Studium, 2008.

Tu mi scruti e mi conosci, Milano, Ancora, 2008.

Il vangelo di Maria, Milano, Ancora, 2008.

Le ali della libertà, Milano, Piemme, 2009.

Incontro al Signore risorto. A cura di Giuliano Vigini, Cinisello Balsamo, Edizioni San Paolo, 2009; Milano, Famiglia Cristiana, 2012.

Lazzati testimone e maestro, Roma, Ave, 2009.

Liberi di credere, Milano, In dialogo, 2009.

Prendete il largo! Scelta e adattamento dei testi a cura di Giuseppe Bettoni, Milano, Ancora, 2009.

Le sfide del terzo millennio, Milano, In dialogo, 2009.

Siamo tutti nella stessa barca [con Luigi Maria Verzé], Milano, Editrice San Raffaele, 2009.

Le tenebre e la luce, Casale Monferrato, Piemme, 2009.

Vivere i valori del vangelo, Torino, Einaudi, 2009.

Conversazioni notturne a Gerusalemme. Intervista con Georg Sporschill, Milano, Mondadori, 2010.

Il coraggio della passione, Casale Monferrato, Piemme, 2010.

Credere, perché?, Milano, In dialogo, 2010.

Il Dio nascosto, Milano, Centro ambrosiano di documentazione e studi religiosi, 2010.

Il dono dell'amore. A cura di Cristina Uguccioni, Milano, Paoline, 2010.

Educare nella postmodernità. A cura di Franco Monaco, Brescia, La Scuola, 2010.

Gli esercizi ignaziani alla luce del vangelo di Giovanni, Roma, AdP, 2010.

Le età della vita, Milano, Mondadori, 2010.

Io sto in mezzo a voi, Bologna, EDB, 2010.

Una parola per te. Pagine bibliche narrate ai più piccoli [Con Damiano Modena], Milano, Editrice San Raffaele, 2010.

Parole per vivere, Milano, Paoline, 2010.

Prove e consolazioni del prete, Milano, Ancora, 2010.

Qualcosa in cui credere, Milano, Piemme, 2010.

Ricerca e carità. Due voci a confronto su scienza e solidarietà

[Con Giulio Giorello]. A cura di Damiano Modena, Milano, Editrice San Raffaele, 2010.

La trasformazione di Cristo e del cristiano alla luce del Tabor, Milano, BUR, 2010.

Il tesoro dello scriba [Testi scelti a cura di Pierluigi Cabri], Bologna, EDB, 2010.

Il comune sentire, Milano, Rizzoli, 2011.

Innamorarsi di Dio e della sua Parola, Bologna, EDB, 2011.

Qualcosa di così personale, Milano, Mondadori, 2011.

Il triduo pasquale, Bologna, EDB, 2011.

Via Crucis, Cinisello Balsamo, Edizioni San Paolo, 2011.

Voglia di risorgere, Milano, Mondadori, 2011.

Famiglie in esilio. Ferite, ritrovate, riconciliate. A cura di Giuliano Vigini, Cinisello Balsamo, Edizioni San Paolo, 2012.

2. Principali saggi in volume

Giovanni Valentini, *Un certo Carlo Maria Martini,* Milano, Sperling & Kupfer, 1984.

Marco Garzonio, *Cardinale a Milano in un mondo che cambia,* Milano, Rizzoli, 1985.

Vittorio De Luca, *Un vescovo, una città. Carlo Maria Martini,* Roma, Città Nuova, 1986.

Giuliano Vigini, *Martini, Carlo Maria, in Dizionario della Chiesa ambrosiana.* IV, Milano, NED, 1990, pp. 2089-2090.

Alain Elkann, *Cambiare il cuore* [Intervista al card. Martini], Milano, Bompiani, 1993.

Marco Garzonio, *Carlo Maria Martini,* Cinisello Balsamo, Edizioni San Paolo, 1993.

Carlo Maria Martini da 15 anni sulla cattedra di Ambrogio, Cinisello Balsamo, Edizioni San Paolo, 1995.

Giuliano Vigini, *Lo stile letterario degli arcivescovi di Milano da Schuster a Martini, in Studi in onore di mons. Angelo Majo per il suo 70° compleanno,* a cura di Fausto Ruggeri, Milano, NED, 1996, pp. 313-338 (in particolare le pp. 334-338: *La pregnanza della sobrietà*).

L'impronta del vangelo. Carlo Maria Martini 1980-2000 [Contributi di G. Ravasi, F.G. Brambilla, G. Angelini, P. Sequeri, G. Poma], Milano, Centro ambrosiano di documentazione e studi religiosi, 2000.

Marco Garzonio, *Il cardinale. Il valore per la Chiesa e per il mondo dell'episcopato di Carlo Maria Martini,* Milano, Mondadori, 2002.

Gianfranco Ravasi, *Martini. Le mie tre città. Un colloquio nell'amicizia,* Cinisello Balsamo, Edizioni San Paolo, 2002.

Andrea Tornielli, *La scelta di Martini,* Casale Monferrato, Piemme, 2002.

Luisa Bove, *Carlo Maria Martini. Una voce nella città* [Con numerosi contributi], Saronno, Monti, 2003.

Andrea Tornielli, *Gerusalemme. Carlo Maria Martini insieme per la pace,* Casale Monferrato, Piemme, 2004.

Damiano Modena, *Carlo Maria Martini. Custode del Mistero nel cuore della storia,* Milano, Paoline, 2005.

Paolo Sartor, *Martini. L'avventura del predicare,* Milano, Centro ambrosiano di documentazione e studi religiosi, 2005.

Giovanni Bianchi, *Martini «politico» e la laicità dei cristiani,* Cinisello Balsamo, Edizioni San Paolo, 2007.

Giuliano Vigini, *Carlo Maria Martini. Invito alla lettura,* Milano, Edizioni San Paolo, 2009.

Giovanni Giudici (con Antonello Sacchi), *Martini nostro maestro,* Milano, Ancora, 2010.

Aldo Maria Valli, *Storia di un uomo. Ritratto di Carlo Maria Martini,* Milano, Ancora, 2011.

Indice

Finito di stampare nel mese di settembre 2012
presso Grafica Veneta S.p.A. Trebaseleghe - Padova
Printed in Italy